« AIDER LA VIE »
Collection dirigée par Robert Laffont

ABBÉ PIERRE
BERNARD KOUCHNER

DIEU ET LES HOMMES

Dialogues et propos recueillis par Michel-Antoine Burnier

ROBERT LAFFONT

ISBN 978-2-221-10922-9

Avant-propos

Entre l'abbé Pierre et Bernard Kouchner, le dialogue se poursuit depuis longtemps. Que pouvaient bien se dire ces deux complices en générosité, le prêtre et le médecin, le croyant et l'incroyant, l'ancien député et le ministre récent, celui qui partagea la misère extrême et celui qui vécut les guerres lointaines dans le malheur des autres ? De là l'idée de ces entretiens.

Je croyais les connaître, j'ai été surpris. On attend peu que l'abbé Pierre, homme d'action et de juste colère, se définisse par l'adoration silencieuse apprise au couvent des capucins pendant sept ans. On n'attend pas de Bernard Kouchner cette pudeur bouleversée et ces aveux de retour de mission, quand il s'échappait du Biafra, de Beyrouth ou de l'Afghanistan...

Comme parfois ils se ressemblent !

L'abbé Pierre devant les micros fut l'inventeur de la loi du tapage, il s'est fait la voix des hommes sans voix. En cela Bernard Kouchner fut son disciple : on tue plus difficilement sous l'œil des caméras. « Mes principaux défauts ? s'exclame l'abbé Pierre : l'indiscipline et l'impatience. Mes amis me disent : “ Mon père, vous êtes fatigant. Vous nous engagez dans une action, et vient à passer sur le chemin un type qui a un problème. Vous plaquez tout pour vous occuper de lui. Et nous qui étions partis pour vous suivre, vous nous laissez en plan : à nous de nous débrouiller seuls ! ” » C'est exactement le portrait de Bernard Kouchner...

Vient l'opposition. L'abbé Pierre ne supporte pas que Bernard Kouchner affirme : « L'homme est mauvais, chaque homme est un génocide. » Il s'indigne, il se fâche : « Tu n'as pas le droit de dire ça ! Il n'y a pas que le mal qui soit foncier, le bien l'est tout autant. »

Bernard Kouchner sort à chaque fois remué par la force et la foi de ce personnage universel.

Les entretiens ont été enregistrés entre janvier et avril 1993 dans la petite chambre de l'abbé Pierre, encombrée de dossiers, de cassettes et de photos, au premier étage d'une maison communautaire d'Emmaüs, près de Rouen. L'abbé et Kouchner, côte à côte devant le magnétophone, poussant les images pieuses et deux statues de la Vierge, rient souvent, se touchent le bras, s'empoignent les mains pour se couper la parole. Mais dès que l'un se lance, l'autre ne l'interrompt plus. Pour préciser quelques points, il a fallu les revoir isolément.

Trente ans les séparent et, malgré l'apparence, ils ont le même âge. Bernard Kouchner pense que l'abbé Pierre a imaginé l'action humanitaire moderne ; l'abbé Pierre dit que le droit et le devoir d'ingérence représentent un tournant de l'histoire de l'humanité.

Des banlieues à l'ONU, de la mer de Chine aux

exclus de chez nous, tous deux ont changé une part de l'histoire du monde. A la jeunesse en mal d'espoir et d'aventure, ils ont une morale et une méthode à proposer.

Marek Halter

Le bonheur des autres

Bernard Kouchner : Colère, illégalité, ingérence, tapage : mon père, mon frère, j'ai tant appris de toi. Tu te mêles toujours de ce qui ne te regarde pas. Tu es un abbé de cri et d'émotion. C'est pour ça que je t'aime. Mais pardon, je ne crois pas en Dieu. Pourtant, j'ai beaucoup essayé.

Abbé Pierre : Bernard, tu es un des rares de ta génération à me tutoyer et c'est arrivé de la manière la plus incongrue. Il y a quelques années une revue voulait un entretien abbé Pierre-Bernard Kouchner et tu es venu à Charenton, dans le HLM où j'habitais. On était là tous les deux près de la fenêtre parce que le photographe l'avait demandé. Je ne sais plus sur quel point portait notre conversation et tout d'un coup, tu exploses et tu me dis : « Evidemment, pour toi il n'y a pas de problème parce que tu es croyant ! » Et c'est parce qu'on abordait un tel sujet que ne comptait plus le vous ou le tu. J'ai continué sur le même ton et, depuis ce moment-là, nous nous tutoyons.

Bernard Kouchner : Je me souviens très bien de cet entretien ! Nous parlions du sujet favori de nos conversations : je disais que l'homme est mauvais.

Abbé Pierre : Tu veux qu'on se dispute tout de suite ?

Bernard Kouchner : Non non ! Un sourire que l'on ne quête pas, précieux d'être inattendu, c'est toujours pour moi une surprise, parfois qui justifie l'action. Tu me disais : l'amour justifie tout et l'amour, c'est Dieu. Je trouvais cela un peu facile, après toutes ces guerres que j'ai fréquentées. Mais j'étais très impressionné par ta ferveur, par ta force d'homme cassé et solide à la fois. Tu commences toujours tes phrases à voix basse comme si tu allais rendre le dernier souffle et tu les termines avec une puissance extraordinaire : un murmure de stentor.

J'avais rencontré très souvent des compagnons d'Emmaüs. Avec toi je me trouvais comme avec un frère. Et depuis ce jour, ça n'a pas changé : fraternité et tutoiement. J'aime nos conversations au téléphone, quand tu m'appelais au ministère, quand tu m'appelles chez moi. Nous parlons de ta santé, puis de ma famille. Enfin, tu me dis : il faut aider quelqu'un. Je suis d'accord !

Abbé Pierre : Je reviens au tutoiement. Il me paraît très révélateur que tu sois passé au tutoiement à propos de la foi, de Dieu. Si tu t'es écrié : « Evidemment pour toi, il n'y a pas de problème parce que tu es croyant ! » c'est parce qu'on venait de frôler la question de la foi. C'est pour cela que tu as perdu la réserve du vouvoiement dans un cri d'homme à homme.

BERNARD KOUCHNER : Ah? Je n'interprète pas cela comme toi. Je tutoie vite les militants et je me sentais de plain-pied avec toi.

ABBÉ PIERRE : Je comprends. Mais en plus, je suis persuadé qu'il y a eu le fait qu'on touchait un point particulièrement sensible.

BERNARD KOUCHNER : Bon. J'accepte.

J'ai longtemps eu beaucoup de mal à dire « mon père » ou « mon frère ». Comme j'étais, en gros, anticlérical, je trouvais abusif l'usage de ces termes. Comment appeler « ma sœur » telle religieuse qui n'était pas ma sœur? Une sœur, c'est quelqu'un de défini dans une famille. Les liens du sang sont précis et codifiés – le tabou de l'inceste vient là pour apporter du poids aux interdits.

J'ai longtemps ressenti comme une démission le fait de dire « mon père ». Comme une concession au conformisme social de dire comme tout le monde, parce que c'est plus commode, « Bonjour mon général ». Avant, je disais « Bonjour monsieur ». (Il faut savoir qu'en médecine, tout le monde se tutoie mais qu'on appelle toujours son patron « monsieur » et je trouve cela très beau.) Alors « mon père » ou « ma sœur », vraiment non. Et puis à un moment, j'ai dû céder parce que j'ai rencontré en France, mais surtout dans le tiers-monde, des religieux splendides qui m'ont appris le devoir d'ingérence. Et j'ai ri de constater que je n'étais plus cet anarchiste qui ne voulait pas appeler « mon père » qui n'était pas son vrai père. Je m'étais rangé!

Abbé Pierre : L'Evangile nous enseigne : « N'appelez personne sur la terre votre Père : car vous n'en avez qu'un seul, le Père céleste. » C'est saint Paul le premier qui a dit à une communauté chrétienne : « N'oubliez pas que je suis votre père, c'est moi qui vous ai apporté la foi. »

Bernard Kouchner : Tu te souviens donc, à ce moment du tutoiement, je te disais : tu as de la veine de croire en Dieu parce que cela soulage, cela conforte.

Abbé Pierre : Je ne suis pas d'accord avec ce mot « cela soulage » !

Bernard Kouchner : Quand on croit en Dieu, on se sent moins seul. J'ai connu, avec des victimes que je ne pouvais pas vraiment protéger, des moments de solitude infects. Fais-moi confiance, Henry Grouès, abbé Pierre, il est beaucoup plus difficile d'agir avec ténacité lorsqu'on ne croit pas en Dieu. L'obstination humanitaire est plus facile quand on est croyant.

Abbé Pierre : Au contraire ! Cela peut être beaucoup plus difficile.

Bernard Kouchner : Je sais que l'inconscient ménage d'autres explications que très souvent j'accepte. On est plus narcissique si l'on n'a pas Dieu à satisfaire. Agissant pour les autres on agit pour soi. Privé de Dieu, on est son seul miroir.

Les hommes en s'assassinant sont aussi en quête de leur immortalité.

Abbé Pierre : Attends : tu viens de dire un mot horrible, « on n'a pas Dieu à *satisfaire* ». Or il faut savoir qu'on a commencé à nous enseigner, au sujet de la Rédemption, que l'homme par le péché s'est donné à Satan. Qui est Satan, on ne le sait pas très bien. La Rédemption, c'est Dieu, le Bien absolu, qui va se donner à l'image du Mal absolu pour nous racheter. Enfin, sans blague ! Cette idée que le Bien se donne au Mal...

Bernard Kouchner : Oui ! Le Bien a besoin du Mal !

Abbé Pierre : C'est toi qui le dis. C'est dingue ! Ça ne marche pas ! Ce n'est pas vrai !

Après il y a eu la deuxième école. Saint Anselme, dans un livre intitulé *Cur deus homo – Pourquoi Dieu homme?,* met ceci dans la bouche d'un moine : la gravité d'une offense ne se mesure pas à l'importance de celui qui crache sur le roi mais à l'importance de celui qui est offensé. Par le péché, l'offense allant à la Perfection Infinie, il y a une gravité infinie, même si le petit homme qui blasphème est minuscule. Pour qu'il y ait – d'après le droit féodal de son temps – pour qu'il y ait réparation il faut que celui qui vient présenter des excuses soit d'un rang égal à celui de l'offensé.

Bernard Kouchner : Ah, je comprends !

Abbé Pierre : Il faut que ce soit le prince, chef de ce paysan qui a insulté l'autre prince, qui vienne dire « pardon monsieur ». Si bien que tout cela a pris dans la théologie le nom de doctrine de l'explication de la Rédemption par la *satisfaction.*

Il fallait donner satisfaction. Mais alors, cela voudrait dire que Dieu, pour être satisfait, avait besoin de la Passion du Christ? Des atrocités? C'est épouvantable! Qu'est-ce que c'est que ce Dieu?

BERNARD KOUCHNER : C'est peut-être épouvantable, mais ce n'est pas idiot!

ABBÉ PIERRE : Si! C'est idiot! Parce qu'il y a, depuis, une doctrine qui, elle, n'est pas idiote. J'en ai parlé avec le père de Lubac, qui est devenu cardinal. Les deux premières années où j'étais à l'abbaye de Saint-Wandrille, il venait y passer un mois. Il était déjà vieux, et déjà cardinal.

BERNARD KOUCHNER : Ça t'impressionne quand même, les titres, mine de rien!

ABBÉ PIERRE : Non, non. Ça m'impressionne en ce sens que ça lui permettait de dire des choses.

BERNARD KOUCHNER : Toi, tu n'es pas cardinal, et tu dis bien des choses.

ABBÉ PIERRE : Oui, pas de la même manière. Il y a des choses que je ne dis pas maintenant, elles seront dans mon testament.

Quelle est la troisième doctrine, après Rachat à Satan, après Satisfaction? Ma doctrine, la voici. Par le péché l'homme s'est volé. Un peu comme un cerveau électronique génial qui pour être plus libre débranche sa prise de courant. Il est plus libre, mais il est bon à mettre à la casse. L'homme s'est débranché par refus de suivre le commandement « Tu aimeras » et il a voulu être maître de soi. A partir de là commencent les malheurs à travers le temps. Et voilà que le Volé, dans une folie d'amour, vient trouver le voleur et lui dit : « Tu voulais être maître de toi ? Regarde les misères où cela t'a entraîné. Je viens te payer le plus grand prix que je puisse payer, je me donne. Que pourrais-je te donner de plus ? » Le Volé vient racheter le voleur. Ce n'est pas au diable qu'Il le rachète, ce n'est pas à la colère du Père, c'est à toi, c'est à moi. Toi, homme. « Tu t'es mis dans le pétrin, eh bien, je t'achète ! Et j'y mets le prix ! » Saint Paul a cette parole en latin « *Pretio magno empti estis* », « Vous avez été achetés cher ». *Pretio magno* : à grand prix.

Voilà. C'est le mot de satisfaction qui me fait horreur.

BERNARD KOUCHNER : Je ne l'ai pas employé dans ce sens.

ABBÉ PIERRE : Bien sûr ! Je sais bien ! Mais je voulais te dire cela.

BERNARD KOUCHNER : Mais moi, je maintiens mon vocabulaire, même si tu le contestes !

ABBÉ PIERRE : Mais oui !

BERNARD KOUCHNER : Etre athée, cela représente aussi un fardeau : il y a davantage d'obligations de résultat chez ceux qui ne croient pas que chez ceux qui croient. On est davantage tenu de réussir, ou en tout cas de présenter des résultats tangibles, lorsqu'on ne croit pas au ciel : ce n'est pas l'Eternel qui juge. Pour l'incroyant, l'intention n'est pas comptée sur la céleste balance.

Pourtant, et malgré cela, j'affirme que dans l'humanitaire, parfois devenu trop technique, il n'y a pas d'obligation de résultats, il y a l'obligation d'intention. Peut-être peut-on le dire enfin : nous avons construit, toi tes compagnons et moi mes copains médecins, des systèmes très proches, l'un laïc, l'autre fortement religieux : parce que je ne me pose pas d'abord la question du résultat mais avant tout de l'intention.

ABBÉ PIERRE : Religieux, oui, pour moi fondateur. Mais pas chez mes quatre mille compagnons : ce n'est pas une condition d'entrée. Pour ce qui est de l'intention et du résultat, je pense comme toi et je suis heureux de notre accord.

BERNARD KOUCHNER : Il y a obligation de technique aussi, bien sûr. Si on déploie beaucoup d'argent, des efforts considérables et une bonne technique pour tenter de sauver les blessés d'un tremblement de terre, et qu'on ne trouve personne sous les décombres, sommes-nous punissables pour autant ? Non, l'intention seule comptait ! Si l'intention ne compte pas mais seul le résultat, alors la prochaine fois on ne répondra pas à l'appel au secours, puisqu'on aura dépensé beaucoup d'argent pour rien. Mon père, si on ne se bat pas pour le résultat, pourquoi tout cela ? Pour une idée de l'homme, oui, mais crois-moi, c'est nous-mêmes aussi que nous avons été chercher là-bas. Ne méconnaissons pas les satisfactions égoïstes : on s'intéresse aux autres pour se trouver soi-même intéressant. Pourquoi faites-vous tout cela, pourquoi cet acharnement thérapeutique sur le malheur des autres ? Je réponds avec ironie : « Tout ça, c'est pour faire le malin. » Ce qui veut dire, comme Malraux, pour tenter d'oublier la condition humaine. Nous avons donc fait le malin, moi sous bien des cieux et toi sous le ciel.

ABBÉ PIERRE : Trop facile, Bernard, ta réponse, même si elle est jolie. Comment se pourrait-il que le bien, la prise sur soi de la peine de l'autre, la volonté de ma joie dans sa joie, comment se pourrait-il que ce ne soit pas porteur de joie ? Déguster, savourer le bien, cela s'attache à l'acte bon. Saint Thomas d'Aquin dit : « La joie accompagne la vertu comme le parfum la fleur épanouie. » La fleur est belle et elle ne peut pas ne pas avoir de parfum. Dire que ce serait plus beau si elle s'épanouissait sans parfum, tu te fous du monde !

Dire que ce serait plus beau si tu n'avais aucune satisfaction à te crever pour partir jour et nuit dans ce que tu fais, tu tricherais ! Quand j'ai été mendier, Bernard... Oui, je l'ai fait et j'en ai pleuré. En 1951, quand j'ai quitté le Parlement, nous étions dix-huit compagnons à Emmaüs, nous bâtissions gratuitement des maisons et nous mangions grâce à mon indemnité parlementaire. Et là, au 31 du mois, terminé. Dans la semaine j'ai vendu tout ce que j'avais, et rapidement il n'y a plus eu d'argent. Annoncer aux compagnons : « Allez-vous-en, allez à l'asile », ce n'était pas pensable. J'ai été mendier parce que je ne trouvais pas de solution. Je me vois boulevard Saint-Martin, j'étais entré dans une horlogerie-bijouterie, c'était en décembre, l'hiver, sept heures du soir. En entrant, je dis : « Excusez-moi, madame, je ne suis pas un client intéressant. » Et je lui remets le tract qui parlait des bébés qui meurent de froid et des hommes qui travaillaient gratuitement pour loger les gens. La dame me donne quelque chose et je m'en vais. Sur la gauche du boulevard en allant vers l'Opéra, il y a une ruelle obscure. Je me suis engouffré dans cette ruelle et je me suis mis à pleurer. Mais j'ai découvert il y a peu de temps que pendant que je pleurais – et ce n'était pas du bluff! – j'avais au-dedans de moi une espèce de jubilation de faire ce qui ne se fait pas, de faire ce qui, si on le savait, épaterait le bourgeois.

BERNARD KOUCHNER : J'aime en toi, Henry Grouès, le hors-la-loi!

ABBÉ PIERRE : Oui, aller plus loin, bouger la loi. Il y a des moments où tu rages, tu pleures, et en même temps, tu ne peux pas ne pas porter en toi la joie d'avoir pu prendre l'avion et y aller. C'est cela l'humain. Ton acte ne se sépare pas de cette joie, mystérieuse parce qu'elle n'a pas de rapport avec l'effroyable d'un champ de bataille sans fin. Tu y trouves un certain plaisir. Ne triche pas, reconnais-le! Mais on ne va pas le dire, parce que les gens se scandaliseraient.

BERNARD KOUCHNER : Pour taire aussi par pudeur le partage des souffrances, et d'un regard parfois. Parlons-en au contraire de ce plaisir fugace, sensible au début, bientôt dérisoire de l'addition des plaies : plaisir absurde mais gai de l'agitation. Encore une fois, c'est faire le malin.

ABBÉ PIERRE : Agitation, c'est un mot bien superficiel. Prendre autant de risques, ce n'est pas de l'agitation, c'est de l'aventure.

BERNARD KOUCHNER : Hommage à l'aventure : c'est quand même plus drôle que de prendre les couloirs de correspondance du métro Châtelet! Dans tous les coins fracassés du monde, je me suis toujours arrêté une seconde pour dire aux copains : « Attendez, les gars! Pensez qu'il y en a, en ce moment même, qui changent à la station Châtelet! » Les sédentaires décrivent des voyages de rêve. Enfermé à Croisset pour écrire *Madame Bovary*, Gustave Flaubert, qui avait choisi l'art contre la vie, notait : « J'ai envie de voir les Lapons, l'Inde, l'Australie. Ah, c'est beau la terre. Et mourir sans en avoir vu la moitié! Sans avoir été traîné par des rennes, porté par des éléphants, balancé en palanquin! » Flaubert se voulait touriste, non serrurier. C'est beaucoup plus drôle de prendre une balle dans le front en jouant les Lawrence d'Arabie que de mourir d'une cirrhose à Bercy, ou de mourir de rien, comme disait Boris Vian. Offrons de l'aventure à la jeunesse du monde. Tu notes que je n'additionne pas les résultats, la satisfaction d'avoir été utile; le bien en somme...

Et n'oublions pas l'élégance. Il y a une esthétique de l'humanitaire. Le panache! Sans oublier la joie profonde d'être ensemble, la joie de faire quelque chose de ses mains : agitation et respiration nécessaires.

ABBÉ PIERRE : C'est moins embêtant que d'être une dactylo qui tape des factures de macaronis toute sa vie. Que de gens s'embêtent! Tu as de la veine de ne pas avoir le temps de t'embêter. Peut-être faut-il en parler, au contraire, parce que l'amour et la joie sont contagieux...

Bernard Kouchner : J'aime cette formidable phrase d'Elsa Triolet : « Pourquoi vous êtes parti ? – Parce que je ne voulais pas devenir de la viande fumée », dit Michel Vigot dans *Le Cheval blanc*. L'humanitaire est une bonne façon de ne pas se transformer en viande fumée. Dans les moments de doute, pour ne pas devenir un expert-comptable des bienfaits, spécialiste en bilans positifs, je me dis parfois que l'humanitaire, c'est la plus jolie agence de voyages que nous ayons inventée. Elle prend même en charge le transfert et la satisfaction de l'ego. Sauf qu'on peut mourir à la fin de l'histoire.

Abbé Pierre : J'ai eu un choc très fort dans ma petite enfance, vers cinq ou six ans. J'avais chipé de la confiture sur la table et quand on a demandé qui l'avait prise, j'ai laissé soupçonner un de mes frères. Finalement, on découvre que c'était moi. Mon père me dit : « C'est jeudi (en ce temps-là il n'y avait pas d'école le jeudi), il y a une fête chez tes cousins. Pour ta punition, tu n'iras pas. » Je reste à la maison. Le soir, mes frères et sœurs reviennent. Mon frère court vers moi, surexcité, et me dit : « C'était formidable ! » Nos cousins étaient très riches, ils recevaient toujours les derniers jouets à la mode. Mon frère, emballé, me raconte qu'il avait joué au tir aux pigeons : il y avait quatre pigeons sur des montants croisés, on faisait tourner un truc avec des caoutchoucs puis on lâchait, et il fallait tirer.

Je me le rappelle comme si je le voyais alors que cela date de plus de soixante-dix ans, n'est-ce pas. Je me revois petit bonhomme, adossé à la rampe du rez-de-chaussée. Et très fier de moi, je dis à mon frère : « Qu'est-ce que tu veux que ça me fasse, puisque je n'y étais pas ? » Je tourne les talons et je m'en vais avec dignité. Je me trouvais content de moi parce que j'étais logique. Or, un petit moment après, papa vient me prendre par la main, m'emmène dans sa chambre. Il ne me gronde pas, il ne me punit pas, mais je le vois malheureux. Il me dit : « J'ai entendu ce que tu as dit à Léon. Tu ne vois pas comme c'est affreux ? Il n'y a que toi qui comptes ? Tu n'es pas capable d'être heureux quand les autres sont heureux ? »

Il était malheureux parce que je n'étais pas bon. Cela a été un choc considérable, pour que je m'en souvienne encore aujourd'hui. Comme si je m'étais trouvé dans la pénombre et que brutalement un vent de tempête avait ouvert les volets. Comme disait Pascal, un autre ordre s'ouvrait devant moi. J'avais été parfaitement logique, j'étais dans l'ordre de la raison et voilà que tout à coup, par le chagrin de mon père, je découvre l'ordre de l'amour.

L'amour. Etre heureux de la joie de l'autre. Je veux être heureux, le seul moyen de ne pas me tromper, c'est de mettre ma joie dans ta joie, pour ta joie dans la mienne, la mienne dans la tienne, nos joies ensemble au service de la joie de tous.

Parce que le moteur, c'est : je veux être heureux.

BERNARD KOUCHNER : Ton bonheur à toi, religieux, est dans la quête de l'amour, dans le bonheur des autres. Bravo de comprendre cela à six ans ! Moi, j'ai compris l'inverse, la méchanceté, mais beaucoup plus tard, j'étais déjà un homme, si on peut dire cela. Est-on jamais un homme?

ABBÉ PIERRE : A ce propos, quand on est petit il y a nous les gosses, et les grandes personnes. Très, très, très profondément, je n'ai jamais perçu que j'étais passé du côté des grandes personnes. Devant un garçon de vingt ans je reste comme j'étais quand j'en avais dix : il est un monsieur, moi, je suis un gamin.

BERNARD KOUCHNER : Comme le dit Jacques Brel, nous sommes vieux sans être adultes.

Et alors j'ai compris que le malheur des autres était mon affaire, ton affaire, monsieur le curé! L'affaire de chacun. A qui appartient la souffrance des hommes? Ni à leur bourreau, ni à leur gouvernement. Elle appartient aux autres hommes.

ABBÉ PIERRE : Les autres! C'est quoi, c'est qui? La guerre de 14 a amorcé la fin de l'anticléricalisme qui régnait en France depuis les débuts de la IIIe République. Le clergé a été versé dans les services de santé, même les religieux expulsés, qui étaient revenus. Et on les a vus risquer leur peau comme infirmiers, sous la mitraille, pour ramener des blessés qui bouffaient peut-être du curé la veille. Après cela, dans le milieu de la laïcité agressive, chez les instituteurs, on ne pouvait plus continuer à tenir le même langage. Ce n'était plus possible, on avait vécu ensemble des choses inoubliables.

BERNARD KOUCHNER : Y a-t-il plus belle preuve d'amour au sens chrétien du terme et pour renforcer ton credo que de mourir pour ceux qui vous sont lointains et étrangers, pour ceux qui ne vous ressemblent pas et qui souvent souhaitent vous assassiner? Y a-t-il plus belle preuve de perversité, que de tenter éternellement de vouloir faire l'homme à son image, à en périr pour le convaincre? Ton Dieu, mon père, et mon docteur Sigmund Freud doivent bien rigoler de nos débats! Y a-t-il pathologie ou preuve d'amour suprême à donner ou à risquer sa vie pour des gens que l'on n'aime pas? Pour prouver quoi, pour se convaincre de quoi, pour surmonter quelle peur? Oui, pour la peur et pour une idée idéale de l'homme. En cela, pardonne-moi, mais je sais que tu le penses aussi, même si c'est immodeste : il y a les assis, les perdus, les immobiles et les autres. Vladimir Jankélévitch, que tu as connu comme moi, ce militant, ce vieillard à la jeunesse blanche et drue, parle très bien de la « vie risquée ». La vie ne serait-elle pas belle uniquement de sa fin annoncée? Dès lors les risques pris avant de vieillir lui donnent une dimension particulière.

Nos sociétés tentent de gommer le risque: tête sous l'aile et œil sur la télévision, et quand les stades sont dangereux à cause des skinheads, on pratique le sport en chambre.

Ministre de la Santé, en douze mois, j'ai tenté de convaincre qu'il nous fallait une loi sur le risque thérapeutique pour que chacun sache et se sente responsable, que chacun prenne en charge sa part de connaissance, car le prochain virus – inconnu – dans le sang transfusé ne nous préviendra pas. Je n'ai pas pu convaincre Matignon que la médecine efficace comporte des risques. On veut bien considérer les bénéfices et non les dangers. Et vive la Sécurité sociale ! Certains s'imaginent que s'ils cotisent deux fois ils ne mourront jamais, sinon l'Etat serait responsable. Tu me trouves loin du sujet ?

ABBÉ PIERRE : Un peu. Mais je sens que tu t'envoles. Je ne peux pas t'interrompre. Tu veux m'emmener quelque part ?

BERNARD KOUCHNER : Oui. Vers nos sociétés sans risques où le risque est partout. Nous n'avons pas vu assez l'insécurité s'installer dans les banlieues, dans la ville, et dans les têtes et les cœurs. Quand je sais que ma fille est sortie et qu'elle va rentrer tard, j'ai peur. Plus de clans, plus de village, plus de famille pour se protéger, pour faire appliquer la règle : des tours grises, pas de travail.

ABBÉ PIERRE : Et les gens à la rue ! De l'argent pour la guerre, on le trouve toujours, et pas de moyens pour les maisons.

BERNARD KOUCHNER : Attends. Je finis sur la peur et sur le danger, deux mots qui ne vont pas toujours ensemble.

Il y a quelques années, je revenais de l'Afghanistan dangereux, un affrontement de piétons, une guerre de couteaux et d'hélicoptères blindés. Les Soviétiques et les islamistes excessifs étaient en furie contre les humanitaires et les infidèles. Et il se trouve que c'étaient les mêmes. Deux mois sous les balles et les bombes, plus de mille kilomètres à cheval, avec Mike Barry, mon ami, et tout mon savoir sur l'Orient et l'Islam. Nous avions chargé les canons dans la plaine de Khost, oui, chargé sous la mitraille, pas moyen de faire autrement, face aux balles! Et au retour, je me trouve dans une banlieue de Paris avec un groupe d'amis tremblant face à une bande de jeunes vêtus de cuir noir! « Une bande de jeunes », comme on dit. J'ai éclaté de rire devant le comique de cette situation. Et je crois que depuis je n'ai plus jamais eu peur. Sauf de la bêtise et de la trahison. Mais les Français ont peur, ils n'acceptent plus le risque, les guerres se font à la télévision, et ils demandent à l'Etat de les protéger d'angoisses multiples.

ABBÉ PIERRE : Tu vas toujours trop vite. Tu m'embrouilles. Revenons à la mort voulue. Je dirais qu'il n'y a pas plus belle preuve d'amour que de donner sa vie. Pas de la donner pour rien, sans but. Quand c'est pour ceux qu'on n'aime pas, bien sûr, c'est encore un pas de plus, comme... une distillation... Ce sont des réalités dont il est très difficile de parler, parce que cela échappe au vocabulaire. Il faudrait inventer une autre langue, angélique. Une autre forme de langue pour évoquer ces contradictions.

BERNARD KOUCHNER : La guerre des hommes ne donne pas spécialement l'image de l'amour.

ABBÉ PIERRE : Certainement pas!

BERNARD KOUCHNER : La guerre, dans tous les coins pouilleux ou riches, pauvres ou célèbres du monde, dans toutes les vallées, sur toutes les montagnes, je l'ai beaucoup fréquentée. Elle procure une vision qui, à force d'être répétitive, devient globale. Les hommes, mon père, j'en suis sûr, sont capables de tout.

Abbé Pierre : Capables de tout, j'aime mieux quand tu parles comme ça. L'homme n'est pas mauvais, mais capable du meilleur ou du pire, libre.

Bernard Kouchner : Chaque homme est une guerre civile, disait Malraux. Je dis que chaque homme est un génocide. Je me souviens de ce garçon, au Liban, à la mosquée de Bourg Hamoud. Il me présentait son copain et il riait en relevant sa chemise. Il montrait sa cicatrice – parce que nous lui avions enlevé la rate – et il riait parce qu'il avait trouvé celui qui lui avait tiré dessus. Il disait que c'était son copain.

Et nous, nous étions là, venus de France, pour enlever la rate de l'un et conforter l'autre qui sera blessé demain.

Je me souviens d'un muchacho du Salvador, enfant de la guérilla, qui avait tué son frère, enfant de l'armée.

Abbé Pierre : Tu pourrais considérer que tu as pleinement réussi si le type que tu as guéri, tu en faisais un infirmier.

Bernard Kouchner : C'est bien toi ! J'en fais rarement un samaritain ! J'en refais souvent un assassin ! La seule constante, malgré les éclairs de bonté, c'est cela : la violence. Si on veut parier à coup sûr, il vaut mieux parier sur l'abjection. Dans toutes les guerres, j'ai vu des hommes capables de tout. Du pire. D'où l'intensité des éclairs de bonheur et des gestes – parfois – de compassion et de paix, d'autant plus intenses qu'ils sont inattendus.

Abbé Pierre : Ce blessé qui n'aura qu'une pensée, retrouver une arme et tuer pour ne pas être tué, il ne serait pas ainsi si un cataclysme ne s'était pas abattu sur son pays. Il a probablement vu tuer non pas son père ou son frère, mais son voisin. Il s'est trouvé placé dans une ambiance où, à moins d'être follement héroïque, c'est humainement impossible de se dérober au combat qui est là.

L'homme d'Etat devrait chercher une solution de paix, mais l'homme de la rue pris en pleine guerre, il doit la faire. Lorsque, en pleine guerre, j'ai vu les juifs enlevés, je me suis engagé. Je ne pouvais pas ne pas le faire. Rien ne m'avait ouvert les yeux sur le drame de Gaulle-Pétain, ma tradition familiale, c'était le grand Maréchal. Mais un jour à Grenoble, en 1942, le lendemain de la rafle du Vel' d'Hiv', j'ai vu arriver dans ma chambre de vicaire deux hommes en larmes. Ils m'expliquent qu'ils rentraient du boulot et que les voisins les avaient avertis de filer : la police française était venue en camion prendre leurs familles. Les familles disparues... disparues, à ne pas savoir où elles étaient ! De ce jour-là, je suis devenu résistant.

Après, quand on a instauré le Service du travail obligatoire, le STO, de jeunes réfractaires qui ne voulaient pas aller travailler dans des usines allemandes pour fabriquer des chars sont venus me voir. Je les ai aidés à se cacher dans la montagne. J'ai été le fondateur du premier maquis du Vercors, de la partie est du Vercors où se sont déroulés les premiers combats.

Moi, je n'ai jamais eu à tuer. Je ne m'en vante pas, c'est comme cela, mais je n'étais pas innocent pour autant. J'ai apporté des munitions aux maquisards, j'ai transmis des ordres du commandement. Donc, je ne suis pas innocent des gens qui ont été tués par les ordres que j'apportais.

BERNARD KOUCHNER : J'ai eu à tirer pour protéger des blessés. Au début, ce n'est pas facile et puis la morale cède vite sous l'effet de l'exaltation – « Ah Dieu ! que la guerre est jolie ! »

ABBÉ PIERRE : Je me rappelle aussi, enfant, mon père nous parlant de non-violence mais disant : « J'ai sur moi un revolver et si je voyais votre mère menacée, ou l'un de vous, je n'hésiterais pas à tuer. » Ce n'est pas qu'il avait envie de tuer.

Pour être équitable, pour ne pas tricher ni dans un sens ni dans un autre, il ne faut pas ignorer qu'effectivement, le guéri va reprendre les armes. Mais il ne faut pas ignorer que le pauvre type n'y est pour rien dans la création de cette situation où c'est : « Si je ne te tue pas, tu me tues. »

BERNARD KOUCHNER : L'homme aime cette situation qu'il a créée.

ABBÉ PIERRE : Pas l'homme de la rue.

BERNARD KOUCHNER : Si, en Serbie, en Bosnie, au Liberia, en Somalie, en Irlande, partout, si !

ABBÉ PIERRE : La nature humaine est fragile et inflammable, c'est vrai. Chez l'homme, il y a foncièrement ce mal de vouloir dominer, prendre du territoire, cette irascibilité. Mais aussi, on ne peut pas le nier et ta vie même en donne des exemples, il y a la contagion de l'amour.

Il n'y a pas que le mal qui soit contagieux.

Nous sommes fragiles, malléables, nous sommes humiliés d'être fragiles et manipulables, et nous ne sommes pas portés au bien héroïque. Mais ce n'est pas vrai que nous sommes plus portés au mal qu'au bien. C'est là qu'il ne faut pas tricher. Nous avons tous deux yeux, certains ferment un œil pour ne pas voir le mal, d'autres ferment l'autre œil pour ne pas voir le bien.

Regarde le bon cœur des petits enfants, il ne faut pas grand-chose pour qu'ils donnent! Quand tu leur as demandé de se fatiguer pour trouver du riz pour la Somalie, ce n'était rien, n'est-ce pas, mais cela a été contagieux. Donc il n'y a pas que le mal qui est foncier, le bien l'est tout autant.

BERNARD KOUCHNER : L'homme de la rue dans la guerre... Chaque homme est un génocide, encore une fois je te l'affirme, même s'il faut employer le mot de génocide avec précaution. Chacun devient capable d'éradiquer un groupe humain quand il est pris dans la logique de guerre, pris dans l'affirmation de sa virilité. Tout cela vient d'un problème d'hormone mâle. Je sais l'aspect un peu vulgairement biochimique de mon explication. Je n'oublie pas l'inconscient et tous les divans du monde. Je simplifie mais la réalité n'est pas loin : l'agressivité dépend de l'hormone mâle.

ABBÉ PIERRE : Mais tu ne parles que de la moitié du genre humain!

Bernard Kouchner : Les femmes aussi ont de l'hormone mâle. Moins, mais elles en possèdent.

Abbé Pierre : Ah, je l'ignorais. Tout le monde a donc de l'hormone mâle ?

Bernard Kouchner : Oui, la testostérone, très joli nom. C'est chimique. C'est plus que chimique, ce serait génétique, distribué. Maintenant, on croit savoir que les gènes régulent la sécrétion de testostérone. L'homme est programmé pour se défendre et attaquer. Cela ne veut pas dire qu'il est complètement, mécaniquement, chimiquement ligoté, cela veut dire que la liberté est à ce prix : transgresser sa propre chimie. Il subit, je l'espère, l'influence de la poésie, de l'amour, de la mémoire. Mais je suis tout à fait sûr qu'il est abject, capable de tout, du Viêtnam, des Khmers rouges. J'ai vu des paysans salvadoriens, du côté de la guérilla comme du côté de l'armée, ouvrir des ventres à la baïonnette. En ce moment, mon père, vingt ans après le grand massacre, des Khmers rouges tuent encore des innocents au Cambodge malgré les énormes et insuffisants progrès de l'ONU.

L'homme est mauvais.

Partout, je l'ai vu.

C'est le péché originel ou je ne sais quoi. Chez les uns cela conforte la croyance et la nécessité d'amour. Mais comme je n'ai pas de croyance, je me trouve souvent dans la difficulté, tu le comprendras.

Abbé Pierre : Ah ! Il y a ici un grand débat entre nous.

BERNARD KOUCHNER : C'est probablement pour cela qu'on nous a demandé d'en parler ensemble.

ABBÉ PIERRE : L'homme est mauvais? Es-tu mauvais? Suis-je mauvais? Tous ceux que tu connais sont mauvais?

BERNARD KOUCHNER : L'objection est vraie, mais c'est l'exception.

L'homme est vraiment pire encore qu'on ne croit. Il faut bien qu'il se prouve qu'il est immortel, ce pauvre petit homme qui sait qu'il va mourir sans jamais se l'avouer. Donc il tape sur les autres, et éventuellement, il les tue. Tuer l'autre c'est une façon de vaincre sa propre mort. Plus on est cruel et plus on feint d'être fort. Plus on est cruel plus on feint de maîtriser sa propre vie. Et permets-moi, mon père, un conseil : pour mieux aimer les autres, pour les chérir à coup sûr, armons-nous fortement et préparons-nous au pire; cela paraît utile pour qu'intervienne la divine surprise.

Je suis un spécialiste de la mort des autres! Les hommes, j'en ai vu beaucoup mourir de mort violente. Bien plus que les militaires. Il y avait un général épatant dans mon cabinet, au secrétariat d'Etat à l'Action humanitaire. Je l'ai accompagné vers son premier mort, au Liberia dans l'hôpital Kennedy bombardé. Il était vert. Et à l'état-major, je suis sûr qu'ils ne sont pas nombreux à en avoir vu de près! Depuis l'Algérie, pour les plus anciens, les temps ont changé. On est en paix depuis des dizaines d'années. On se croit en paix alors que des dizaines de conflits se poursuivent, mais qui broient les humains chez les autres. Aucun Blanc occidental n'en meurt : ce n'est donc pas une guerre. Et je pense d'ailleurs que nous – les Français – nous sommes devenus incapables de faire une vraie guerre.

Zones de guerre : des mois, des années passées là où les gens sont morts à nos côtés, beaucoup, beaucoup.

ABBÉ PIERRE : Tu répètes que l'homme est mauvais. Il m'est impossible d'accepter cette formulation. L'homme *peut* être mauvais, et pas qu'un peu. Mais il faut qu'il y ait une allumette pour l'enflammer. Tu ne vois que le mal, il faut que tu prennes du temps pour te promener dans les bois, pour écouter chanter les oiseaux avec tes enfants.

BERNARD KOUCHNER : Ecoute, mon père, quelque chose dont je n'ai jamais parlé... Je pense que j'ai dû manger de la chair humaine. Oui, moi, au Biafra. On invitait les médecins en brousse, dans les temps de famine où mouraient les enfants alors que les serpents se vendaient au marché. On nous offrait à dîner, or dans le pays il n'y avait plus rien à manger... On s'est aperçu, plus tard, qu'il y avait un trafic des restes de combattants qui venaient du front. Cela a provoqué chez nous des haut-le-cœur rétrospectifs. Mais que veux-tu, mon père, c'est ainsi. J'ai encore une photo d'un type qui revient du marché avec une cuisse coupée qu'il porte sur l'épaule. Une cuisse. Ça se vendait. Et c'était pour s'approprier la force de son ennemi, surtout les parties nobles que tu supposes. Les gourmets préféraient le haut du genou.

ABBÉ PIERRE : Et sur le moment, tu ne pouvais pas raconter cela?

BERNARD KOUCHNER : Ah, non, non, je ne l'ai pas dit. Nous ne pouvions pas sortir cela de nos bouches. La réputation du vaillant peuple biafrais, comme disait le général de Gaulle, en aurait souffert. En plus, nous étions retenus par une manière de respect ethnologique que je ne ressens plus du tout. Je respecte les différences de culture, bien entendu. Elles imprègnent mes raisonnements, et elles m'intéressent beaucoup. Elles nécessitent une intelligence et des méthodes adaptées si on veut aborder les gens. Mais un dictateur reste un dictateur, même exotique. Un assassinat reste un assassinat, même perpétré par un Cambodgien pour manger le foie d'un autre homme parce qu'il aime le foie d'homme. Il croit qu'il faut s'approprier le foie ou les testicules de son ennemi. Je veux dire que la démocratie reste la valeur suprême, ici, dans l'herbe, ou là-bas sur le sable. J'ai vu voter les Salvadoriens pour la première fois, et les Africains. Pas de déterminisme ethnologique : la démocratie n'est pas réservée aux tribus européennes.

Nous sommes loin du sujet, non?

ABBÉ PIERRE : Oui, non.

BERNARD KOUCHNER : Parfois dans les périodes de grand danger, je me suis imposé de regarder vers le Ciel. On ne sait jamais! Mais cela me faisait rire à la fin, excuse-moi, mon père. Les nuits difficiles dans des endroits perdus, à Irbid en Syrie, encerclés à Bourg Hamoud au Liban, à Monrovia au Liberia, à Dubrovnik en Bosnie, etc. Avec nos amis les fondateurs de Médecins sans frontières, puis les mêmes de Médecins du Monde, nous sommes allés mystérieusement nous enfermer dans les réduits du malheur, nous faire coincer au fond de la nasse. C'est exactement comme cela que nous avons inventé l'ingérence : être au plus loin de la loi et au plus près des hommes. Ces nuits-là, j'ai évoqué le Saint Nom par système, en me disant on ne sait jamais, cela peut marcher. Ce fut le maximum de mon mysticisme.

Quand on a peur, on peut faire des vœux, déclarer à ses compagnons : « Ecoutez, franchement, si je m'en sors, je m'efforce de croire en Dieu. » Je l'ai fait. Et je m'en suis sorti jusque-là. Et crois-moi, l'année dernière pour passer dans le Haut-Karabakh, venant d'Agdam en Azerbaïdjan, nous avons frôlé la mort d'un cheveu !

ABBÉ PIERRE : Et « J'ai envie de Vous aimer » ?

BERNARD KOUCHNER : Je suis désolé. J'ai bien envie de L'aimer, mais je n'y parviens pas. J'ai touché, vu trop de méchancetés, trop d'horreurs et trop d'abjection. J'avais bien envie d'aimer Dieu mais je n'ai pas pu. Je me souviens de trop d'atrocités sous les images de la Vierge ; de trop de sévices sous le vert de l'Islam. Je me souviens des enfants fendus à la hache par des miliciens chrétiens qui criaient : « Vive Dieu ! »

ABBÉ PIERRE : L'énigme certes nous défie ! Il ne faut pas en jouer d'un mot.

La réalité, c'est que l'homme en son perpétuel inachèvement vit avec deux germes en lui : l'un, de *plus être* par le don ; l'autre, de *moins être* par la rapine.

Le bonheur des autres

Des chiquenaudes, parfois des tonnerres, mettent chaque liberté devant des choix... Au fond, il est impossible de juger à quel point sont responsables ceux qui commettent des crimes. Cela n'empêche que la société a le devoir de porter des jugements et des sanctions. Il n'est pas plus facile d'être juge que toubib ou monsieur l'abbé!

« L'amour n'est pas aimé »

Abbé Pierre : Il faut parler continuellement de l'usure des mots qui touchent au sacré, à l'absolu. Ces mots essentiels s'usent terriblement. Le mot Amour évoquera pour les uns la prostitution et ses trafics et pour d'autres Mère Teresa, n'est-ce pas? Les mots importants ont besoin d'être circonscrits et commentés. Ainsi, le mot Foi ne me satisfait pas. Je ne peux pas, dans un dialogue, me contenter d'affirmer : « Tu as la foi et moi je ne l'ai pas. » La foi n'est pas et ne sera jamais la conclusion d'un raisonnement. Les raisonnements sont extrêmement utiles pour répondre à telle objection, telle négation, mais jamais la foi ne sera la conclusion d'un syllogisme.

En fait, la foi, dans son être, sa substance même, est un acte d'amour.

Dans la langue française, l'expression donner sa foi est très intéressante. Deux fiancés se disaient : « Je te donne ma foi. » On a longtemps parlé ainsi. Je te donne ma foi, c'est un acte d'amour, ce ne sera jamais la conclusion d'une logique. A un moment, au bout du raisonnement, il faut plonger, il faut faire confiance, il faut consentir à vivre avec la connaissance du mal. Et Dieu sait si toute ta vie s'oriente vers le contact quotidien du mal...

Je crois que Dieu est Amour. Je ne crois pas à Dieu, je ne crois pas en Dieu, je crois en Dieu Amour. C'est son Etre même d'être Amour. C'est beaucoup plus que Il Est, c'est Il Est Amour, c'est sa substance même. Nous l'exprimons – et malheureusement, on n'a pas réussi à trouver mieux – mais nous l'exprimons dans ce mot glacial et faussement arithmétique de Trinité. Pour moi, la Foi est la certitude que l'Eternel est Amour, quand même. Le *quand même* est essentiel.

BERNARD KOUCHNER : Il faut croire quand même, malgré Auschwitz et les enfants de Somalie ? Il faut croire malgré tout, malgré les massacres de Bosnie souvent organisés au nom de Dieu ? Malgré ce que je sais et qui me fait douter... non, pas douter, qui m'empêche même de m'interroger sur l'existence de Dieu ? Malgré tout ce dont nous parlons, le chômage, la solitude, l'exclusion, l'absence de paroles, l'absence de responsabilisation, l'absence d'altruisme et de courtoisie, la violence, la jungle des villes, ou à cause de cela ? Et ailleurs, l'immense souffrance des enfants du monde ? Les cinquante mille enfants qui meurent chaque jour ? Malgré cela ? Quand même ? Quel beau quand même !

ABBÉ PIERRE : Oui. Dieu est Amour quand même.

BERNARD KOUCHNER : Quoi, quand même ! C'est trop facile de faire payer les innocents ! La mort de l'enfant, la mort de la mère, la mère qui reste seule. Les enfants qui meurent avant les parents, quelle douleur insondable. Pour faire payer quoi ? La mort de l'enfant, inacceptable, constitue à mes yeux un reproche éternel. Des croyants me répondent que cette épreuve nous a été envoyée pour nous rendre plus forts, et que l'abjection même de ces événements renforce les certitudes et les nécessités de ces certitudes. Je refuse. Ce n'est pas mon truc. Je refuse la mort d'un enfant. Je refuse la mort des innocents.

La méchanceté des hommes demeure démonstrative de l'inexistence de Dieu. La sauvagerie, les formidables horreurs... le mal, quoi. Tu l'appelles l'irascibilité, c'est mou ! Ce sont des salauds, les hommes. D'accord, pas tous ! Mais à mon avis, le mal ne convainc pas du bien. Il est beaucoup plus massif que le bien, beaucoup plus répandu. Je le traite toujours avec la même indifférence parce que sinon, je ne m'en serais pas sorti, je serais mort de honte et de désespoir.

ABBÉ PIERRE : Bernard, tu me fatigues et tu m'irrites !

BERNARD KOUCHNER : Je crois le mal absolu, permanent, constant, ce qui me permet d'aménager des plages de soleil de temps en temps à l'intérieur de cette noirceur. Une éclaircie, la bonté, ce que nous recherchons. Je m'attends au pire. Ainsi je suis sûr de ne pas être déçu, ou alors d'être « déçu en bien » comme disent les Suisses. Ce pessimisme actif est indispensable à ma survie. Sinon je serais mort d'infarctus depuis longtemps. Je ne compte pas sur la rencontre du bien. Si je le trouve sur ma route, tant mieux, je suis heureux. Mais je vis et agis sans certitude.

Il faut se préparer à côtoyer le mal d'abord, partout, sinon ce monde serait invivable. Question de survie indispensable pour qui parcourt les guerres, pardon, j'en ai parcouru bien plus que toi. Bien sûr, tu t'es plongé dans celle de 40, comme un résistant utile et courageux : passeur de juifs, militant de la Liberté. Puisque tous les hommes ne se sont pas comportés comme toi, ma théorie là aussi se vérifie.

Voilà encore un exemple de mes grands doutes. Dans la population française de 1940 à 1945, il y eu des justes – religieux et athées – à la conduite merveilleuse qui ont aidé les juifs et tous les persécutés, plus qu'on ne croyait sans doute, mais si peu par rapport à la population totale. N'était-ce pas la soumission qui prévalait, même dans l'Eglise ? Je ne comprends pas cette docilité. Risquaient-ils tous de mourir ? Nous savons bien que non. Pourquoi a-t-il fallu attendre cette année 1993 pour décréter l'anniversaire de la rafle du Vel' d'Hiv' une nécessité du souvenir ? Comment pouvait-on survivre comme si de rien n'était avec tous les lâches, avoir des rapports suivis avec les gens qui ont vécu passivement, qui ont accepté toutes les soumissions, qui n'ont rien tenté ? Dieu avait-il envoyé Vichy comme une épreuve à tous les Français, pour qu'ils se soumettent ou se révoltent ? Vichy, est-ce l'expression locale de l'épreuve de Dieu ? Suis-je excessif ?

ABBÉ PIERRE : Dieu n'y est pour rien du tout ! Les hommes, oui ! Les hommes qui laissaient progresser en eux la graine du fascisme aboutissaient à Vichy.

BERNARD KOUCHNER : C'est quand même assez facile de penser que Dieu ne vous envoie que la bonté.

ABBÉ PIERRE : Non, il n'envoie pas que la bonté, il nous envoie la liberté! Avec cette liberté, tu peux être bon ou mauvais.

Il y a mille raisons pour dire : « Cela n'existerait pas si Dieu existait! » Nous l'avons tous entendu, et nous l'avons par moments senti et crié au-dedans de nous. Pour moi, l'image qui restera à jamais c'est, à la télévision, la petite fille engloutie par la boue lors du tremblement de terre en Colombie. Et le caméraman a eu... j'allais dire le courage, il a eu la cruauté – mais il faisait son métier – de filmer cela. Cette petite fille criait : « Maman, je t'aime! Maman, je t'aime! » et la boue montait, et tout le monde savait qu'on ne pouvait rien. Rien. Comment ne pas s'écrier en nous : « Mais mon Dieu, où êtes-Vous? Que faites-Vous? » Tant d'occasions de demander : « Mais mon Dieu, où est Votre amour? », une mère qui perd son enfant, ou qui voit naître un enfant handicapé, l'atrocité des guerres, enfin mille raisons. Je pense que n'est pas croyable le croyant qui croit sans ce *quand même.* Il triche. S'il croit sans le *quand même*, cela signifie qu'il ferme un œil pour ne voir que le positif.

Trop souvent aujourd'hui nous sommes entraînés à fermer l'autre œil et à ne voir que le négatif, tellement il y en a. Mais il faut ouvrir les deux yeux, voir le positif aussi. Le monde a beau être épouvantable, le soleil se lève chaque matin, les étoiles sont belles toutes les nuits où il n'y a pas de nuages, les fleurs belles chaque printemps, les fiancés qui s'aiment se sourient.

Je suis né dans une famille profondément croyante. Prière du soir en famille, les huit enfants avec papa et maman. On s'agenouillait après le dîner pour réciter le « Je vous salue Marie » et faire notre examen de conscience ensemble. Ce sont des faits aux répercussions incalculables de voir, petit enfant, l'autorité, papa et maman, demander pardon pour ce qu'ils avaient pu faire de pas assez bien. C'est irremplaçable, d'avoir vécu cela. Elevé par les jésuites, vers l'âge de quinze ans j'ai été envoûté par la découverte de la pensée panthéisante des poètes, des philosophes, Hegel, Fichte. J'ai vraiment pataugé dans le marécage du flou mais cela me séduisait, car cela me donnait le sentiment de l'universalité, de la communion universelle.

Et puis il s'est produit un premier fait.

Je ne sais plus dans quel livre, je sais que ce n'était pas directement dans la Bible, je me suis trouvé face à ce que Moïse entend devant le Buisson Ardent. Berger fugitif dans la montagne, il voit ce buisson brûlant qui ne se consume pas et il entend une voix : « Tu dois faire sortir le peuple juif d'Egypte. » Il répond : « Mais on va me demander qui m'envoie. Tu diras : *Je suis* m'envoie vous dire : Partez. »

Je suis.

Voilà que pataugeant dans le marais du flou et du doute, je prenais appui sur un roc : ce *Je suis* était un tel absolu !

J'ai été moine sept ans chez les Capucins, cloîtré totalement. A la fin du noviciat, la première année, la coutume voulait qu'au dos d'une image on écrive quelques mots exprimant ce qu'on venait de vivre et qu'on pique cette image au mur de la chapelle. Je venais de passer un an sans véritable nourriture intellectuelle, dans la pauvreté matérielle, à dormir tout habillé sur une planche. Mais on priait durant six heures chaque jour et on se réveillait à minuit pour une heure de psaumes et une heure d'adoration immobile. Au dos de mon image, j'ai écrit en latin : O Toi qui es, sois. *O Ens, etiam esto.* L'expression vraie de ce que j'avais vécu.

J'ai découvert plus tard, progressivement, qu'à cette phrase, *Je suis*, on ne peut rien ajouter sans la minimiser. En effet, si je dis : je suis le bois et que j'ajoute : de la table, puis : dans cette pièce, et : dans cette maison, plus j'en ajoute, plus je limite et plus je rétrécis. Le *Je suis*, c'est l'absolu catégorique.

Il n'y a qu'un mot qui puisse se joindre sans réduire à *Je suis*, c'est Amour.

Je suis Amour.

Le seul mot qui non seulement ne réduit pas, mais fait en quelque sorte exploser. L'amour est diffusif de soi. L'amour me fait être davantage moi. Il ne s'agit pas d'abnégation, de se nier, mais d'être davantage moi hors de moi. L'amour fait extase – extase, c'est sortir de soi, n'est-ce pas. Il n'existe pas d'amour qui ne soit don.

Prenons le langage humain, le langage courant. Nous employons le mot de Père pour évoquer le fait que l'Eternel, parce qu'il est Amour, engendre, s'exprime. Il dit et il se donne. L'artiste qui pourrait tout dire dans une seule œuvre ne ferait pas deux œuvres, des humains qui seraient capables d'exprimer l'infini de l'humain dans une seule génération n'auraient pas plusieurs enfants. Or l'Eternel, dans Son infini, peut Se dire totalement. Et dans cette splendeur absolue, infinie, le donné – le Verbe comme nous disons – est identique au donneur. Le parlé identique au parlant. C'est tellement merveilleux ! Beaucoup de mystiques considèrent que notre langage le rend mal, mais l'adoration réciproque du

Père pour le Verbe et du Verbe pour le Père, c'est *Spiritus*, le Vent. Le vent qui n'est rien si cesse le mouvement. Le vent n'est pas, il n'est que mouvement. C'est ce que nous appelons l'Esprit-Saint. Le Souffle, l'Energie sans fin dans l'immuable, ce mouvement sans fin du Père et du Verbe S'aimant.

Je rêve du jour où l'on ajoutera au credo « ... et l'Esprit procédant du Père et du Fils *S'aimant* ».

La querelle avec les orthodoxes est née quand on a ajouté « et du Fils ». S'il est ce souffle, s'il est sans fin, il ne peut pas procéder d'un seul. Ils étaient d'accord. Mais ils étaient choqués qu'on ajoute un mot et la scission s'est produite sur ce sujet – avec les arrière-fonds politiques des empereurs d'Orient et d'Occident et tout le tralala.

Je rêve que dans le credo on mette cette notion. L'Esprit procédant du Père et du Verbe S'aimant.

Ma famille était aisée, bourgeoise. Je n'étais pas un enfant gâté, on ne jetait pas l'argent par les fenêtres et mes parents ne toléraient pas que l'on gaspille, nous n'avions pas les plus beaux jouets, non, jamais je n'ai vu d'objets de luxe. Mais nous habitions un appartement immense où l'on pouvait faire du vélo dans les corridors, nous mangions dans de l'argenterie vieille de plusieurs générations. J'étais parmi les plus aisés de mes camarades de collège et je ne connaissais pas le malheur.

Nous savions que le dimanche matin notre père n'était jamais là. Un dimanche, j'avais onze ou douze ans, il dit à maman : « J'emmène Léon et Henry. » Léon, c'était mon frère plus âgé que moi. Je m'appelle Henry, Pierre est un pseudonyme de la Résistance, n'est-ce pas. Nous voilà partis, traversant toute la ville de Lyon en tramway pour arriver cité Rambaud, un quadrilatère de petits logements pour personnes âgées. Un prêtre avait mis là tout ce qu'il possédait pour construire ces habitations de vieux couples. Nous entrons et dans une salle je vois cinq ou six messieurs que je connais, des habitués des déjeuners chez mes parents, un général en retraite, des hommes d'affaires, etc., en bras de chemise et les manches retroussées, et trente, quarante, je ne sais combien de gueux, de mendiants, de pouilleux. Et ces messieurs faisaient les coiffeurs des pauvres et leur servaient le petit déjeuner. Cela se savait chez les miséreux, ils venaient. Les messieurs s'appelaient les Hospitaliers-Veilleurs, une très vieille confrérie, la plus ancienne association charitable de Lyon, qui autrefois veillait les corps des pauvres morts seuls. Bien sûr, mon père et ses amis essayaient de trouver des solutions, de procurer du travail à ceux qu'ils soignaient mais la plupart, habitués à vivre de la cloche, n'en voulaient pas.

Je me rappelle notre ébahissement en voyant papa dans cette crasse.

Il coupait les cheveux d'un homme et, à un moment, il s'est fait engueuler par le type, je ne sais pas pourquoi. Il lui avait peut-être tiré les cheveux avec le peigne. Et au retour, papa nous a dit une parole de saint Vincent de Paul qui lui est venue tout naturellement : « Vous avez vu comme c'est difficile d'être digne d'aider ceux qui souffrent tant. »

C'était une révélation du mal. Mais en même temps que du mal, de l'amour. Mon père et ses amis n'avaient pas donné leur chemise, comme saint François, mais ils avaient donné un peu de leur temps libre. Je découvrais les deux aspects d'une réalité extrême.

BERNARD KOUCHNER : De la façon dont tu le racontes, on dirait que, par la suite, tu as suivi l'exemple de ton père. Se consacrer aux pauvres à pleines mains, au contact de peau à peau. Tu as retenu la leçon des Hospitaliers. Je connais bien ce mot, hôpital, hospice, hospitalité. Ton père, révérence parler, me semble proche.

ABBÉ PIERRE : Il y a une coïncidence triste, je viens de recevoir une lettre des Hospitaliers-Veilleurs. Ils vont dissoudre cette association vieille de plusieurs siècles, parce qu'ils ne trouvent plus de volontaires. Alors que des pauvres à soigner, il y en a toujours.

Cette visite m'a travaillé. Alors, le premier fait, c'était la rencontre de *Je suis*, en hébreu *Yahvé*, un premier fait très grave de conséquences. Puis il y a eu lentement cette perception de l'amour. Je l'ai perçu avant de le concevoir. Je l'ai perçu à travers la personnalité de saint François d'Assise.

Quand j'étais adolescent, j'ai éprouvé une passion pour un camarade banal qui n'y a jamais rien compris. Une passion à proprement parler, une passion folle. Sa voix de soprano était une merveille, on venait de très loin pour l'entendre chanter à la messe de minuit. Pour moi, il représentait la perfection, puisqu'il avait une telle capacité de beauté en lui. J'étais comme envoûté. Je voulais être ami avec lui à cause de cette voix prodigieuse. Lui me répondait : « Mais oui, on est amis. » J'en suis tombé malade, on a dû m'envoyer six mois à la mer puis trois mois à la montagne. J'ai failli mourir.

BERNARD KOUCHNER : Quel âge avais-tu?

ABBÉ PIERRE : Quatorze ans. A Pâques, j'ai fait un pèlerinage de collégiens à Rome et on s'est arrêtés à Assise au retour. J'ai écouté le moine qui expliquait la vie de saint François, qui racontait ce jeune homme de bonne famille, qui aime les fêtes et quitte jusqu'à sa chemise pour se faire pauvre à l'imitation de Jésus, qui médite solitaire dans les grottes sur lesquelles on a bâti ensuite le couvent des Carceri, qui marque le monde, les petits, les puissants et les brigands par sa parole et par son exemple d'amour. Quand commence sa conversion, après une maladie, saint François se remet à sortir, à marcher. Un jour, un de ses compagnons de fête entend qu'on pleure dans un bois et s'approche. Il découvre saint François en larmes. Il lui demande ce qu'il y a et saint François ne peut que lui répéter : « L'Amour n'est pas aimé, l'Amour n'est pas aimé. »

Et alors, à un moment je suis parti tout seul, j'en avais assez entendu. Il y a à flanc de montagne un chemin dans la forêt, et quand il m'arrive de me retrouver là, si je suis tout seul je fais comme le pape, je m'agenouille et j'embrasse la terre. Parce qu'il s'est passé là pour moi une sorte de lumière, très claire, simple. Je venais d'entendre l'histoire de la grotte, la solitude, l'influence politique sur des papes et des seigneurs à travers les siècles et je découvrais grâce à cela l'universalisme de l'adoration – cet universalisme que j'avais tant savouré dans les pensées panthéistes – et en même temps, l'infini d'action qui pouvait résulter de l'adoration.

Cette notion d'adoration a rempli ma vie.

Pour moi, Dieu... Dieu a fait l'homme à son image. C'est comme une cire dans laquelle un sceau a été planté. Le sceau, on ne le verra jamais, mais si je suis attentif je le connais parfaitement : en creux, par tout ce qui me manque, par tout ce qui m'a marqué.

La foi n'est pas pour moi la conclusion d'un raisonnement, mais un moment où l'on consent à se savoir non suffisant. On sait que la damnation est une notion enseignée dans la foi, mais jamais il n'a été dit, dans aucun concile, qu'il y ait des damnés. Nous n'avons aucune obligation de le penser. Nous n'en savons rien. Jamais il n'a été dit qu'Hitler était damné : il était peut-être fou, qui peut savoir le degré de responsabilité ? Même pour les crimes les plus épouvantables, nous ne savons pas.

BERNARD KOUCHNER : C'est trop commode ! Je pense qu'Hitler n'était pas fou du tout. J'en ai vu, des petits Hitler, des Hitler à échelle individuelle, à dimension humaine, et ils n'ont rien de fou. En ce moment, on souhaiterait que Slobodan Milosevic soit un aliéné. Je l'ai rencontré souvent pour lui arracher des autorisations humanitaires qu'il m'a accordées. Il n'est pas fou du tout. Et à ce propos, n'oublions pas, mon père, les démocrates serbes isolés dans leur propre pays, enclavé deux fois. C'est trop simple d'expliquer la dictature, la barbarie des hommes par la folie d'un seul. Je refuse absolument cette idée. Votre adversaire politique est fou puisqu'il n'est pas de votre côté. C'est méprisant. Et peu démocratique. Et avec un cran de plus, s'il est fasciste il sera donc extrêmement fou, voire schizophrène ? Et puis ensuite, on trouve la paranoïa chez je ne sais qui, Mao Tsé-toung, Castro. Mais non !

Personne à ce niveau n'est fou, ce n'est pas vrai !

Pinochet, l'assassin du président du Chili Salvador Allende, n'était en rien un fou. C'était un banal général. Franco non plus n'était pas fou, ni Jules César! Personne n'est fou! Qui est fou? L'homme qui a tué l'archiduc François-Ferdinand à Sarajevo, Gavrilo Princip, celui qui a déclenché la guerre de 14? Pas du tout! Il était pareil aux gens qui aujourd'hui veulent refaire les nations des Balkans en assassinant leurs voisins. Par exemple, Karadzic, le chef bosniaque, je le connais, il n'est pas fou, c'est un psychiatre. Oui, je sais, on peut aussi dire que tous les psychiatres sont fous, suivant la coutume! Dès que quelqu'un n'est pas comme vous, on dit qu'il est fou. Je refuse cette facilité de l'esprit. Elle va très bien avec ce que tu dis, tu penses que Dieu est bonté et qu'on va se retrouver tous et qu'il n'y aura même pas de damnés. Je crois en effet qu'il n'y aura pas de damnés, parce que le ciel est vide, et qu'il n'y a pas de bonté, sauf par surprise, ce qui est bien plus joli. Je suis sûr qu'il y a des élus sur la terre. C'est une affaire entre soi et soi. Qui réclame rédemption se trompe. La seule chose qui puisse faire office de Dieu pour moi, c'est l'amour. Les moments de communion des êtres, pour parler en style religieux – à ton contact, ça déteint – sont fondés, certes, sur l'amour, parfois aussi l'intelligence et la culture, grandes joies de ces moments de fraternité, rédemption terrestre. Ne négligeons pas la joie de l'action, la possibilité parfois de changer les choses. Et la morale. Je ne crois qu'à la morale, tu le sais. Notre vraie différence, la voilà.

ABBÉ PIERRE : Pourquoi fais-tu ce que tu fais si ce n'est par amour? Si ce n'est pour l'amour? C'est là où nous nous rejoignons.

BERNARD KOUCHNER : J'admire ton invention militante. Tu as réussi de formidables choses. Mais la différence profonde dans les pensées, dans l'explication, dans la recherche, c'est ce que tu as au fond de toi, ce que je t'ai dit la première fois que je t'ai vu : c'est quand même plus commode quand on croit en Dieu. Cela va mieux quand on se dit que la vie est un passage et que nous serons tous à la droite du Seigneur. Ça fait une longue file ! Et qui est à sa gauche ? Bref, cette certitude ne nous sépare pas, elle nous différencie. Croire en Dieu consolide la démarche, conforte les faiblesses, autorise beaucoup plus facilement la solitude. La solitude avec Dieu, ce n'est pas de la solitude. La solitude sans Dieu, c'est vide, mon père, au centre de Sarajevo surtout, avec cinq religions qui s'affrontent ! C'est être avec soi-même, c'est-à-dire souvent avec le vide. Sur les plateaux d'Asie Mineure l'homme a construit les premiers villages de notre vieille civilisation. On en voit encore aujourd'hui les traces. Plusieurs fois, survolant l'Anatolie en hélicoptère pour aller vers le Kurdistan en flammes, je les ai vus, ces assemblements épars. C'est doux, c'est beau, teinté d'ocre et de jaune. Les premiers villages se sont constitués là pour se protéger, pour recueillir un peu de chaleur, certes, mais surtout pour que les hommes se sentent moins seuls face à la violence. Avons-nous inventé Dieu pour nous sentir moins seuls ? Dieu thérapeute, Dieu psychanalyste ?

ABBÉ PIERRE : Ne plaisante pas, écoute-moi : si la damnation existe, elle n'est pas le jugement d'un tribunal, pas une sentence. La mort se résume à cette simplicité : c'est une sortie de l'ombre. On vit dans l'ombre, l'ombre du temps. Pour moi, la béatitude ou la damnation, c'est, au moment de la sortie de l'ombre, des ombres du temps, se voir tel que l'on s'est fait. Tu t'es fait suffisant, suffis-toi. La damnation, c'est être condamné à se regarder à perpétuité dans la glace, soi tout seul avec sa prétendue suffisance... Et la béatitude, c'est le creux qui est en moi, comblé. Saint Thomas d'Aquin, dans son inépuisable théologie, écrit – c'est charmant, mais c'est raisonné – que la béatitude originale de chacun sera caractérisée par ce qui aura été sa recherche, son intérêt passionné. Un musicien aura une béatitude de musicien. Un mathématicien aura une béatitude dans l'éblouissement de la combinaison des chiffres, des nombres. Donc, creuse en toi des appétits car c'est dans la mesure où tu seras insatisfait que tu trouveras satisfaction.

A la sortie de l'ombre, on se voit tel que l'on s'est fait. Voilà notre grande espérance à l'égard de tous les non-croyants. Car si tu te fais satisfait, suffisant, eh bien, suffis-toi. C'est la malédiction absolue, suffis-toi. Ou au contraire tu te fais communiant. En pouvant te tromper sur les moyens par lesquels tu vas te dévouer, le communisme par exemple, mais tu t'es fait communiant. Au moment où Jésus parle du Jugement, après lequel il n'y a plus de changement, il ne parle plus ni de commandements ni de prières ni de vertus. Il n'y a plus qu'une seule notion : « *Car j'ai eu faim et vous m'avez donné à manger.* » « *Car j'ai eu faim et vous ne m'avez pas donné à manger, j'ai eu soif et vous ne m'avez pas donné à boire, j'étais un étranger et vous ne m'avez pas recueilli, nu et vous ne m'avez pas vêtu; malade et en prison, et vous ne m'avez pas visité.* » Ce qui ne veut pas dire que le reste soit sans utilité. Le reste, il l'a enseigné : « Priez, priez tout le temps... » Mais cela veut dire que le reste n'est qu'un moyen vers le but qui est : « Tu aimeras. »

Le cardinal Ratzinger, que l'on ne peut pas soupçonner d'imprudence ou d'audace, dans un de ses livres, *Entretiens sur la foi*, dit : c'est la doctrine constante que tous les humains sont appelés au salut. Tous les humains peuvent atteindre le salut, s'ils obéissent loyalement à la voix de leur conscience. Ils sont alors dans le salut même s'ils ne sont pas membres visibles de l'Eglise. Cette distinction entre les membres visibles et les membres non visibles de l'Eglise, ça m'a fait éclater de joie. Il n'y a pas que les membres visibles, il n'y a pas que ceux dont les noms ont été inscrits par le baptême sur un registre dans une sacristie, ce qui ne représente qu'une infime portion de l'humanité dans le temps et dans l'espace. Et il termine – là, c'est un peu comique – en disant : mais il ne faut pas que cela diminue le zèle missionnaire. Parce qu'on pourrait avoir tendance à penser : « Pourquoi se fatiguer ? Laissons-les tranquilles. » Il précise que le baptême et les sacrements sont les moyens ordinaires du salut, et que les autres voies du salut ne sont que des moyens extraordinaires. C'est un peu rigolo que l'ordinaire soit fait pour le petit nombre et l'extraordinaire pour la multitude. J'aime bien. Comme il est prudent, il n'a abordé le sujet que dans l'avant-dernière page de son bouquin. « *C'est une vieille doctrine traditionnelle que chaque homme appelé au salut peut, de fait, être sauvé en obéissant avec sincérité, même s'il n'est pas membre visible de l'Eglise.* » Alors le cardinal dit ensuite qu'on a abusé de cela a posteriori. « *On en est venu à insister exagérément sur les valeurs des religions non chrétiennes, que certains théologiens présentent non comme des voies extraordinaires de salut, mais bien plutôt comme des voies ordinaires.* »

Tout ceci étant, il n'est pas surprenant que l'on puisse être croyant.

Reste l'existence du mal.

Il faut d'abord bien faire une distinction. Le mal est de deux sortes.

Il y a les maux de la nature. L'Eternel a fait que des êtres humains existent sur une planète dans un temps où elle n'a pas encore fini ses mutations, dans un temps où les mouvements de ses plaques tectoniques provoquent des tremblements de terre, des éruptions volcaniques et des inondations. Ces maux ne sont la faute de personne. On peut se dire : « Mon Dieu, pourquoi ne pas avoir attendu que tout soit pépère ? » A quoi je pense que si Dieu était là et que nous dialoguions ensemble, Il répondrait : « Ne crois-tu pas qu'avec la merveille des sciences que les hommes ont été capables d'atteindre, il n'est pas possible de prévoir des constructions antisismiques, des lieux protégés contre ces tremblements de terre à venir ? »

Si ce qu'on engloutit comme énergie pour faire peur à l'autre et se rassurer soi-même dans la course aux armes, si cette science était appliquée pour se rendre maître de la nature ! Je connais l'horreur, je l'ai vécue, des inondations dans le delta du Gange et du Brahmapoutre. Mais avec les moyens qu'on a, on ferait quatre, cinq, six barrages le long de l'Himalaya pour maîtriser l'énergie de ces eaux qui ravagent deux fois l'an le Bangladesh, et on aurait de quoi donner de l'énergie à la totalité du sous-continent indien ! Voilà peut-être la réponse : « Espèces de crétins ! Il y a des problèmes et vous avez des moyens : c'est vous qui gâchez tout ! »

Deuxièmement, il y a le mal qui vient de la méchanceté des hommes, pas seulement de leur bêtise ou de leur peur. (Très souvent, la recherche des armes a davantage été le fruit de la peur que de la volonté de domination. Les deux se mêlaient, mais dans certains cas, il ne s'agissait que du besoin de se protéger : « Il a des armes atomiques, il faut que j'en aie. »)

Là, nous atteignons un autre point clé.

C'est que Dieu l'Eternel étant Amour, Il ne peut pas avoir d'autre motif d'agir que l'amour.

Or, il ne peut pas y avoir réponse d'amour à l'amour sans la liberté. Une petite fille disait à sa maman qui lui enseignait le catéchisme : « Quelle gaffe Il a faite, le bon Dieu, en nous laissant libres ! S'il n'y avait pas de mal, de cruauté, tout tournerait rond comme les étoiles. » La maman – Francine de La Gorce, qui est l'une des principales auxiliaires du père Joseph Wrezinsky –, a écrit un livre appelé *La Gaffe de Dieu.* Elle explique à sa fille : « Oui, ce serait tout merveilleux. Mais moi, je n'aurais pas de petite fille pour m'aimer, toi, tu n'aurais pas de maman pour t'aimer. On serait des automates parfaits, tu ne ferais pas de caprices, je ne ferais pas de sottises, tout serait parfait. Mais pourquoi faire ? Est-ce que le bon Dieu a besoin des étoiles, des galaxies, comme de billes de collégien pour s'amuser ? Il ne s'embête pas. Si Dieu agit, ce ne peut être que pour l'Amour. »

Alors cela m'a conduit un jour à cette espèce de cri au-dedans de moi : « Quelle valeur prodigieuse a l'Amour, pour que Dieu à ce point risque Sa gloire ! »

Car en créant des libertés, Il met en querelle sa gloire.

Ce n'est plus le chef-d'œuvre parfaitement réussi, c'est un chef-d'œuvre partiellement gâché, mais où il y a quand même une mère Teresa. Je dis mère Teresa, mais quand on parle des saints, il faut se mettre d'accord : de qui parle-t-on? De ceux du calendrier? Ou de ceux qui chaque jour, – des papas, des mamans, des enfants – trébuchant, boitant, font bien ce qu'ils doivent faire? Mais ce sont des saints! Et sur cinq milliards et demi d'êtres humains, il y en a peut-être bien cinq milliards qui font ce qu'ils peuvent, ce qu'ils doivent faire. La sainteté, c'est cela, mettre sa bonne volonté – boiteuse, encore une fois, fragile, mais tendue, rebondissant indéfiniment – à bien faire ce que l'on a à faire.

Face au mal qui est là, défiant Dieu, je ne vois qu'une réponse : s'il n'y avait pas de liberté, l'univers serait l'absurde absolu. Si tu es un automate, qu'est-ce qu'il reste? Ce n'est pas concevable. On parle de milliards de galaxies, avec des milliards de soleils chacune. Eh bien, s'il ne se trouvait pas quelques points culminants dans ce cosmos où il y ait ce petit quelque chose de fragile, cinquante ou soixante kilos de matière provisoirement organisée d'une manière prodigieuse pour faire un cerveau, et un cerveau capable de provoquer des sentiments humains, de conduire à des choix et à des amours, s'il n'y avait pas ces points culminants dans le cosmos – peut-être y en a-t-il plein, des centaines de mille, semblerait-il – s'il n'y avait pas cela, le cosmos serait l'absurdité absolue. L'absurde. Il ne peut y avoir de sens que s'il y a de l'être libre, qui est capable d'aimer.

Faut-il que la liberté soit d'une valeur sans mesure

pour que l'Eternel en ait pris le risque ! Il y risque Sa gloire.

La liberté, c'est grave, cela nous rend responsable. Et c'est merveilleux. Cela rend capable d'aimer. Cela fait qu'un homme comme toi, que tu aies ou que tu n'aies pas la foi, est un homme capable d'aimer. Eh bien, moi, cela me suffit. Cela valait le coup que le bon Dieu prenne le risque des vacheries que la liberté avait entraînées. S'il n'y avait pas de liberté, il n'y aurait pas de Kouchner. Parce que ce n'est pas sous la menace que tu t'en vas faire ce que tu fais, c'est librement !

BERNARD KOUCHNER : C'est un grand honneur que tu me fais, mais ce n'est pas une preuve.

ABBÉ PIERRE : L'amour qui est aimé, voilà la gloire de Dieu. Et cette gloire est dans son être même de Trinité. L'amour qui est aimé, c'est la perfection, la gloire. Pour que l'amour puisse continuer à se savoir aimé, il faut qu'Il continue à faire exister des libertés.

La liberté, c'est l'aptitude à l'amour.

Tant qu'on n'a pas compris cela, il y a sûrement d'autres chemins, mais on ne peut pas approcher de l'Etre. Commençons par clarifier des notions. Puisque de l'Etre est – tu es, je suis, la table est – et que nous ne sommes que passagers, s'il y avait eu un instant où il n'y aurait eu ni Etre, ni cause d'Etre, à tout jamais rien ne serait. Or, puisque de l'Etre est – nous sommes – c'est que l'Etre est sans limites. L'infini ne peut être partiel : on ne peut pas être infini par rapport au temps et pas par rapport aux autres dimensions. L'infini est un absolu. Or nous l'atteignons sur ce plan, sur le plan du temps.

Je déteste le temps, je ne peux pas supporter le temps et je suis bien pris au piège en vivant quatre-vingts ans. J'ai une exaspération du temps, c'est comme cela. Un jour, j'écrivais : « Mon Dieu, vite, j'en ai assez d'être agissant dans le devenir, je veux être agissant dans l'Etre. » Cet agissement dans le devenir à recommencer à toute heure et chaque jour...

Nous parlions d'amour et de Dieu, de Dieu mystérieusement amour en Lui-même. Je m'aperçois que je n'ai pas précisé quelque chose qui a pris beaucoup d'évidence dans ma pensée. On parle de la gloire de Dieu. La gloire de Dieu c'est être ontologiquement, par Son Etre, amour reconnu comme amour. Là est le sublime, l'amour infini reconnu comme amour, ce qui ne serait pas si l'on pensait Dieu comme Allah, mystérieusement solitaire. Etant l'Unité, l'Unique, absolument unique Dieu, il y a cette vie qui fait Dieu être Père. Et le Verbe ne peut pas ne pas reconnaître l'amour du Père, et le Père ne pas reconnaître l'amour dans le Verbe, cela étant le souffle de l'Esprit-Saint. La gloire est d'être Amour reconnu comme amour. Au fond, notre mission en tant qu'humains croyants est de tendre nos pauvres petites énergies pour que cette gloire soit reconnue par la Création.

Et elle est reconnue là où elle existe! Je me rappelle un jour où je devais demander un coup de main à un ouvrier maçon qui fabriquait des blocs de ciment. C'était un samedi soir. On nous avait apporté des matériaux, de quoi monter une baraque le lendemain dimanche. On travaillait le dimanche, je disais que quand les gens n'ont pas de maison, le problème n'est pas de leur dire d'aller à la messe, mais de construire une maison. Quand ils en auront une, on leur expliquera le sens de la vie. Nous avions donc commencé à travailler mais les camarades m'ont dit : « Père, il n'y aura pas assez de parpaings pour soulever le plancher pour pas qu'il pourrisse dans l'herbe. » Et l'un m'explique qu'il connaît un ouvrier maçon qui dans des moules en bois, avec du mâchefer et du ciment, en fabrique pour les vendre. Il ajoute : « Il est très bouffeur de curés, ça ne sera pas drôle. » Bon, je vais le voir. Un gosse crie : « Papa, c'est l'abbé Pierre ! » Cet homme me dit : « Entrez. Vous êtes le premier curé que je laisse entrer chez moi. » Il me sert à boire et il me raconte :

« Il y a quelques mois, X, patron d'une grosse entreprise, considéré comme une brute avec son personnel, scandaleux dans sa vie privée bien connue, casse sa pipe. Peut-être qu'il donnait beaucoup pour le séminaire : l'évêque est venu pour l'absoute et il y avait cinq ou six prêtres. Et puis peu après ma voisine vient à mourir. Elle était vénérée du quartier pour la façon dont elle avait soigné son mari infirme, elle était une bonne voisine pour tout le monde et lorsqu'elle vient à mourir, trois coups de goupillon et c'est terminé ! Ça ne peut pas être comme ils font ! »

Il tapait du poing sur la table : « Ça ne peut pas être comme ils font ! » Il ne disait pas comme ils disent ou comme ils enseignent, mais comme ils font.

Quand il a fini, il me donne les parpaings et il ne veut pas que je paie. Au moment de partir, dans la nuit devant la voiture il me saisit les épaules –il était plus fort que moi – et d'une voix très émue, il me dit : « Monsieur le curé, je ne sais pas si le bon Dieu existe, mais je suis sûr que s'il existe, il est ce que vous faites. »

C'est cela, la gloire de Dieu : l'amour reconnu par l'amour. « S'Il existe, Il est ce que vous faites... »

Dieu est nécessaire aux hommes

BERNARD KOUCHNER : Je t'admire pour ce que tu as fait. Si Dieu est ce que font les hommes, j'accepte plus volontiers. J'ai cherché Dieu dans toutes les guerres, dans toutes les catastrophes et dans toutes les misères, et je ne l'ai pas trouvé. Toi, tu l'as cherché et trouvé dans un endroit protégé – par Dieu peut-être – qui est la France, un territoire riche, et dans une abbaye avec des gros murs, une organisation du temps qui est une organisation de l'esprit, la prière à heures fixes, l'adoration la nuit, tout ce que tu m'as dit. Cette discipline m'impressionne, et j'ai du respect pour ces années passées. Tu devais te sentir bien, si je me fie à la manière dont tu vivais, à l'abbaye de Saint-Wandrille, dans ce lieu très beau où je suis venu te voir – j'ai gardé un grand souvenir de ces repas muets. Mais j'ai aussi beaucoup de respect pour les pratiques religieuses musulmanes, celles qui précèdent l'assassinat, par exemple. Beaucoup de respect! Je me souviens d'une scène qui m'avait formidablement frappé. C'était en Afghanistan, dans une pièce d'hôtes, une maison de thé, halte pour les voyageurs. On se déchausse pour y entrer, on s'y parle comme dans la maison d'un hôte. Dans la plaine de Zurmat, dans cet édifice aux murs cassés, truffés d'explosifs, il restait encore une grande pièce où les caravanes s'arrêtaient la nuit. On ne savait jamais si on allait y trouver des Soviétiques, mais ils s'arrêtaient toujours là, mes amis afghans. Cela ne me semblait pas militairement très malin, je tremblais, je leur disais que les Russes devaient savoir qu'on était là, puisque à chaque fois on s'arrêtait au même endroit. On s'arrêtait au même endroit parce qu'un guerrier afghan ne se détourne pas de sa route dans son pays, monsieur l'abbé ! Je trouvais cela admirable aussi, n'est-ce pas, bête et fabuleux. A l'intérieur de la maison, nous avons rencontré une forte bande hostile. Et après les formules et les saluts, après les prières, après tout cela, ils se sont affrontés. Les deux bandes rivales se sont tirées dessus en sortant, et mes amis ont eu le dessus. Ils ont tué ces gens avec lesquels ils venaient de prier. C'est la coutume. On ne s'assassine pas dans la maison, mais aussitôt qu'on est dehors. Et parfois dans le dos.

Au retour, dans une maison de thé dans la montagne, au-dessus de Khost, nous avons été insultés, mon ami José Nicolas et moi, parce que nous étions des infidèles. Nous nous sommes enfuis. Les autres nous ont poursuivis pour nous tuer et ils venaient de faire leur prière dans ce but.

Ces rites ne sont pas une assurance de bonté.

Au Liban, des prêtres maronites avec un kalachnikov sous leur soutane, certains étant de vrais tueurs, nous faisaient passer les lignes : détermination, courage, intolérance et confession ! En face, sur l'autre bord, les chiites faisaient la même chose : piété et assassinats ! Pardonne-moi, mon père, qu'est-ce que cela a d'admirable? J'ai vu beaucoup de manifestations d'intolérance nourries de Dieu.

ABBÉ PIERRE : Aurons-nous le courage de dire aux uns comme aux autres qu'ils bafouent ce qu'ils appellent leur foi, leur religion? Car ce comportement en est la négation. Je me rappelle la parole que Gandhi répétait au milieu des querelles religieuses de son pays. Il a totalement échoué, puisque, à peine l'indépendance obtenue, les massacres ont été horribles, mais il disait : « N'oubliez pas, la terre est ronde. Alors, vous qui avez une attache religieuse, poussez vos racines assez profond, elles se retrouvent toutes au milieu. » Toutes les religions se retrouvent sur ce point : Tu ne tueras pas.

BERNARD KOUCHNER : Admirable phrase de Gandhi, bien peu respectée. Au Salvador, parmi les cinq évêques, il y avait un formidable monseigneur Romero, assassiné pour avoir choisi d'être l'évêque des pauvres. Monseigneur Ribera y Damas, mon ami, lui a succédé. Mais les autres? La majorité est d'extrême droite et approuve les tueurs d'Orden. Sont-ils moins proches de Dieu? Y a-t-il un Dieu des riches?

Au Brésil, même complaisance. La violence au Brésil est effroyable en ce moment. On commet des crimes sur des enfants pour accomplir des transplantations hépatiques quasiment sur le vif, on vole des yeux pour greffer des cornées, on assassine des gamins de huit à treize ans qui, c'est vrai, volent et pillent et trafiquent de la drogue. Pour se défendre, des hommes riches paient les Escadrons de la Mort qui tuent ces enfants. Il y a quelques prêtres admirables, qui sont la très belle parure de l'Eglise, mais l'immense majorité des autres représentants de Dieu, qu'est-ce qu'elle fait et laisse faire?

Je sais que dom Hélder Câmara, l'archevêque de Recife, se tient lui aussi du côté des pauvres, et avec lui bien d'autres que je salue. Je suis allé souvent à Recife pour des missions médicales, nous avions développé un dispositif pour vacciner les enfants des bidonvilles et faciliter les adoptions. J'ai demandé à dom Hélder Câmara comment il pouvait supporter sa hiérarchie. Il la critique très peu. En riant, il m'a dit que c'est une épreuve que Dieu lui a envoyée pour continuer son labeur. J'ai été un peu déçu.

Je n'ai pas rencontré beaucoup de prêtres qui se dressent contre le clergé riche, le clergé du côté des riches. Je sais que je suis injuste et surtout envers un certain nombre de missionnaires, dont mes amis les pères Ceyrac et Venet, admirables militants de l'Asie, sans oublier le révérend père Jacques Leclercq, chapelain de Notre-Dame, qui a écrit ce livre, *Debout sur le soleil,* et qui n'hésite pas à se dresser partout. Je me souviens d'une messe qu'il a célébrée à Colomoncagua, un village improbable à la frontière du Honduras et du Salvador, dans un camp où venaient d'affluer des milliers de réfugiés. Ces gens avaient franchi le río avec leurs enfants pour fuir la guerre civile et les tueurs d'extrême droite de monsieur d'Aubuisson. Ils étaient catholiques, au Salvador tout le monde est catholique, même les révolutionnaires. Ils ont demandé la messe au père Leclercq. Il n'y avait rien, il a construit lui-même un autel en plein air au milieu du camp, il a pris du whisky pour faire les saintes huiles... non, pour consacrer...

ABBÉ PIERRE : Pas les saintes huiles, le vin. Pour la consécration.

BERNARD KOUCHNER : Il n'a pas trouvé de vin, il a pris du whisky pour la consécration.

ABBÉ PIERRE : Jésus a pris ce qu'il y avait sur la table, il n'a pas fait apporter quelque chose d'extraordinaire. On peut parfaitement consacrer du whisky. Moi, ici, je consacre du jus de raisin, parce que je vis dans cette communauté d'Emmaüs abstinente. Ce n'est pas possible de dire aux compagnons : « Acceptez de vous priver, moi je vais boire un petit coup ! »

BERNARD KOUCHNER : C'est un de mes souvenirs les plus extraordinaires, cette messe avec toute cette population, ces familles qui écoutaient le révérend père Jacques Leclercq qui ne parlait pas un mot d'espagnol, qui s'exprimait en latin et en français. C'était beau, puissant, profond. On est jugé non par ce qu'on croit, mais par ce qu'on fait.

ABBÉ PIERRE : Oui, ce qu'on fait. Il m'est arrivé une fois une histoire ecclésiastique. Apprenant que j'étais à Washington, le cardinal-archevêque de Montréal m'invite et m'annonce qu'il me fait prendre en voiture. On m'emmène à la frontière canadienne, et là m'attendent deux motards. La sirène hurlante, on roule à fond perdu jusqu'à Montréal. C'était le maire qui avait voulu me recevoir parce qu'il avait convoqué dans un palace, qui depuis a été rasé, tous les travailleurs sociaux de la ville, civils ou religieux. On se trouve à plusieurs centaines dans une salle de banquet, puis vient le moment où il faut que je prononce mon discours. Or j'avais vu arriver des prélats dans des Buick et des Mercedes et on m'avait demandé de parler des pauvres. Alors je leur ai dit : « Est-ce que vous ne croyez pas qu'une partie des malheurs du monde, à travers les malheurs de l'Eglise, tient à ce que les fidèles aisés s'ingénient à assurer à leur clergé des conditions de vie suffisamment semblables aux leurs pour être tranquilles ? Pour que des pages entières de l'Evangile ne soient plus annoncées ? »

Je les avais vus arriver en Mercedes, il leur était impossible de prêcher à ceux qui leur permettaient d'avoir une Mercedes : *Car j'ai eu faim, et vous ne m'avez pas donné...*

Il y a eu un silence super, dans un coin des militants de la JOC ont applaudi et puis, la chaleur communicative des banquets, tout le monde a applaudi. L'année d'après, le cardinal m'a demandé de revenir. Il m'a fait prendre à l'aéroport par son secrétaire et amener directement chez lui et il m'a dit : « Mon père, il faut que vous sachiez que vos paroles de l'an dernier ont entraîné la plus cruelle des épreuves de ma vie sacerdotale. Parce que chacun a fait de la surenchère, ceux de gauche pour dire que ceux de droite sont tous des salauds, ceux de droite pour dire que vous n'étiez qu'un vendu aux communistes. J'ai voulu que vous reveniez parce qu'il faut que vous continuiez, mais je devais vous informer de la portée de vos paroles. Cela a été la plus cruelle des épreuves de ma vie sacerdotale d'assister à la division de mes fidèles à cause de cette parole, mais elle est tellement vraie. »

Je vais te dire autre chose qui t'éclairera. On parle constamment du troisième secret de Fatima, gardé secret, mais secret *secretissimo.*

BERNARD KOUCHNER : Je ne suis déjà pas très au courant des deux premiers, tu sais.

ABBÉ PIERRE : La Vierge est apparue à trois petits bergers portugais en 1917. Et après, une des enfants a révélé ce que Notre Dame leur avait dit, mais en partie seulement. Il y avait une description de l'enfer, et la demande de consacrer la Russie au Cœur Immaculé de Marie pour éviter de nouvelles guerres. Cela a été fait par Pie XII, qui a consacré le monde et ajouté une mention spéciale pour la Russie, et par Jean-Paul II qui a consacré spécialement la Russie au cours de son pèlerinage à Fatima.

Le troisième secret n'a pas été rendu public, seuls les papes le connaissent.

Après avoir échangé diverses réflexions avec des prélats informés – on en parle dans les couloirs du Vatican, n'est-ce pas –, je suis arrivé à la conviction que ce troisième secret, c'est la disparition prochaine de ce que l'Eglise constantinienne a calqué sur l'empire, aboutissant au scandale des merveilleux palais de Saint-Pierre de Rome.

C'est un tel obstacle pour parler aux pauvres.

Pour être crédible avec des pauvres sur les choses sacrées, il faut leur ressembler et pour être crédible avec des riches, il ne faut pas leur ressembler.

Si tu ressembles aux puissants, tu as une grosse voiture, et, quand tu te déplaces, tu n'envoies pas en éclaireur un petit abbé dire que le pape ne veut pas de dépenses de luxe. On le sait, afin de recevoir le pape certains diocèses se sont endettés pour des années, chacun voulant faire plus beau que le précédent. On n'a jamais vu de telles choses pour les chefs d'Etat. Le président des Etats-Unis ou celui de Russie, les deux plus puissants du monde, quand ils se baladent quelque part, il y a un tapis rouge et puis terminé. Il n'y a pas ces fastes grandioses. D'ailleurs le deuxième voyage papal au Brésil a montré que cela ne prenait plus, ils n'ont pas fait le dixième de ce qu'il y avait eu au premier voyage.

Il faut des lieux de culte et d'assemblée. Mais je dis : une fois que vous avez fait les quatre murs, le toit, les portes, les fenêtres, accrochez un panneau peint qui présente tous les embellissements prévus par les architectes. Puis écrivez dessous : « *Nous nous engageons à réaliser cela le jour où il n'y aura plus dans notre localité une seule famille sans logis.* »

Le sanctuaire premier, c'est le logis.

Tous les prônes, si cela n'est pas, ne sont que langue étrangère et moqueries.

Oui, je pense que nous ne sommes pas guéris de ce que nous a fait l'empereur Constantin. Cela remonte au IVe siècle. Bon, d'abord, ce que tout le monde répète : il a mis le chrisme, c'est-à-dire le monogramme du Christ, sur son étendard parce qu'il avait eu une vision qui lui montrait la croix accompagnée de ces mots : *Par ce signe, tu vaincras.* Là, il y a une part légendaire, je ne suis pas certain des faits historiques. Ce dont je suis certain, c'est qu'il a eu le génie politique de voir que les vertus du civisme païen s'effilochaient, que le culte de l'empereur-dieu ne prenait plus. Pas un fils de notable n'acceptait d'être militaire, il n'y avait plus que des mercenaires dans les armées. Tous les points d'appui de la cité s'effondraient et il voyait en face l'héroïsme des martyrs chrétiens. Alors dans un acte de génie – il n'était pas chrétien lui-même, il n'a demandé le baptême que sur son lit de mort – il promulgue l'Edit de Milan qui établit la liberté religieuse.

Arrêt des persécutions, catastrophe pour nous car c'était le début des privilèges.

On ne jetait plus les chrétiens aux lions mais on faisait de l'évêque un prince.

Nous sommes encore les prisonniers des privilèges qui sont nés à ce moment, nous sommes encore une Eglise de privilèges. Nous avons eu la chance d'entendre dans le cours de notre vie Jean XXIII dire : « La *sedia gestatoria*, au musée ! Je suis trop lourd, je ne veux pas que vous me portiez. » Plus de chaise à porteurs. Ce n'est pas rien, quand on se souvient de ce que cela représentait. Nous avons eu la chance, après, d'entendre Paul VI déclarer : « La tiare, c'est trop pour ma petite tête. » Les trois couronnes sur la tiare signifient au pape qu'il est père des rois et des princes, roi et recteur du monde, et vicaire de Jésus-Christ. Il l'a déposée sur l'autel, c'est fini à tout jamais. On ne l'a pas enlevée du papier à lettres du Vatican, mais on ne la porte plus. Après Paul VI, Jean-Paul II n'a pas été couronné.

Maintenant je me bats pour une autre chose un peu dérisoire. Je me bats contre la mitre des évêques. J'utilise une photo où le pape, à la fin d'une messe que nous avions concélébrée, vient me dire au revoir. Au moment où il me prend les mains en souriant, le photographe était placé de trois quarts et on voit la mitre de biais, deux morceaux de carton avec un grand vide au milieu, où l'on distingue une petite calotte de soie sur la tête. Une fois, nos chiffonniers regardaient un synode à la télévision. Un cortège de deux cents évêques avec leurs mitres traversait la place Saint-Pierre; et il y avait le bon cardinal de Paris, qui est petit. On lui avait fait une mitre grande comme cela pour être à la hauteur des autres. Ça a été l'explosion de rigolade! Cela avait peut-être un sens rituel ou symbolique dans des sociétés orientales. Mais je dis que l'ouvrier ou le cheminot qui n'a pas été habitué depuis la petite enfance à ce spectacle et qui se rend à l'église pour la confirmation du fils d'un copain, quand il voit l'évêque arriver avec ce machin sur la tête et que pendant la messe, on le lui enlève, on le lui remet, on le lui ré-enlève, deux, trois, quatre fois... il trouve cela bouffon! C'est petit, minuscule, mais je me bats pour cela, pour qu'on invente quelque chose. A l'abbaye de Saint-Wandrille, où j'ai vécu plusieurs années quand j'ai cessé toute fonction, le père abbé porte une mitre pas plus haute que la main. On pourrait adopter une coiffure dans ce genre. Ou tête nue, pourquoi pas? Les chrétiens orientaux, par exemple, n'ont pas la mitre, ils ont une petite calotte avec un voile dans le dos.

Enfin, ce sont des choses insignifiantes.

Un jour, je vois le cardinal Silva à Santiago du Chili. Je lui demande: « Pourquoi un concile? Aux temps des hérésies, il fallait des conciles pour trancher. Au temps du dévergondage, de l'immoralité, cela n'a pas été un mal que le concile de Trente, tout en répondant au luthérianisme, mette de la discipline dans les mœurs. Bon. Mais de nos jours, il n'y a pas d'hérésie nouvelle. Les gens n'ont pas assez d'imagination pour en fabriquer à toutes les générations. Nous n'avons pas de nouvelles hérésies et, d'autre part, on ne peut pas dire qu'on constate une inconduite scandaleuse et généralisée parmi les croyants et le clergé. Alors, à quoi bon un concile ? » Et le bon cardinal Silva me répond : « Pour remédier à des stupidités. »

Ce qui prouve le bon sens de certains hommes d'Eglise.

Tu sais que Pie XII a eu une fin de vie insupportable, parce qu'il n'en finissait pas de mourir. Comme beaucoup de vieillards, il paralysait tout. « Laissez-moi cela, je m'en occuperai. » Invivable. A tel point que deux de ses collaborateurs proches ont démissionné. Ils se sont retirés ! C'est ce qui m'a fait parler au pape Jean-Paul II à l'été 1989. J'étais assis à sa droite. A un moment, il me demande : « Quel âge avez-vous ? » Alors je le lui dis, et il me répond : « Eh bien, le pape est plus jeune que vous ! » Et moi je lui dis : « Oui, mais peut-être bien que le pape, comme évêque de Rome, fera ce qu'on impose depuis quelque temps à tout évêque : proposer sa démission à soixante-quinze ans. Quitte à ce qu'on lui dise de continuer. Mais à soixante-quinze ans, il doit donner sa démission. » Alors là, il est resté interloqué, et il m'a seulement dit avec un beau sourire : « Cela demande réflexion. »

Homme de théâtre comme il est, ayant le sens du geste qui parle, ce n'est pas du tout invraisemblable qu'il innove.

BERNARD KOUCHNER : Ce n'est jamais arrivé ?

ABBÉ PIERRE : En deux mille ans, un seul pape a démissionné, saint Célestin V. C'était une sombre histoire, deux familles romaines, les Colonna et les

Orsini, s'entre-tuaient pour le trône. Car c'était un trône, en fait, on faisait des guerres, il y avait des armées, des Etats pontificaux. Le collège des cardinaux n'arrivait pas à se mettre d'accord sur un candidat. Alors ils ont été cherché un ermite, le fondateur de l'ordre des célestins. On dit que, quand il est arrivé dans le palais, il a demandé qu'on lui apporte des fagots, puis il s'est fabriqué une hutte comme celle dans laquelle il vivait et cela a duré cinq mois. Il a été un très mauvais pape, nul, mais au bout de ces cinq mois le compromis avait été trouvé et on l'a persuadé de démissionner. Boniface VIII lui a succédé. C'est l'unique cas de démission, il n'y en a pas d'autre. Le pape innoverait s'il démissionnait à soixante-quinze ans. L'un d'eux nous a enlevé la *sedia*, un autre nous a enlevé la tiare et je souhaite que le suivant nous enlève la mitre. Mais surtout, s'il nous évitait la menace d'une vieillesse interminable comme celle d'un Pie XII, cela nous rendrait bien service. Ce n'est pas respectueux de la charge, de cette charge à dimension planétaire, de prétendre la garder à quatre-vingts ans. Le respect humain et le respect de Dieu voudraient que cela devienne naturel de se retirer.

BERNARD KOUCHNER : Il faudrait que le pape soit un saint homme!

ABBÉ PIERRE : Il ne faudrait pas qu'il embête son successeur.

J'ai reçu une lettre d'une bonne dame qui m'écrivait : « Ce n'est pas bien. Vous dites au pape de démissionner à soixante-quinze ans, et vous ne l'avez pas fait vous-même. » Je n'ai pas répondu à sa lettre, je l'ai perdue. Mais j'en ai le souvenir et je voulais répondre qu'à soixante-dix ans j'ai quitté toutes mes responsabilités et commencé une vie de solitude, d'abord à l'abbaye de Saint-Wandrille et maintenant ici. Ce qui ne veut pas dire que je me tais. Mais prendre la parole, c'est autre chose que d'exercer l'autorité.

BERNARD KOUCHNER : Puisque tu veux changer tant de choses, explique-moi pourquoi l'Église refuse le mariage des prêtres.

ABBÉ PIERRE : Dans l'Église primitive, la question ne se posait pas. Il est évident que les douze apôtres n'étaient pas douze célibataires. On sait d'ailleurs que Jésus a guéri la belle-mère de saint Pierre : il était donc marié. Oui, saint Jean, le plus jeune, était sûrement célibataire – selon une tradition parfaitement crédible –, mais il n'est pas vraisemblable que les autres, plus âgés, l'aient été.

Au fur et à mesure que l'Église s'organisait, les communautés demandaient un prêtre à leur évêque et elles ont eu tendance à ne proposer que des moines. Le moine pouvait, s'il l'acceptait, se donner entièrement à son ministère, il n'avait pas de famille, il était disponible. Le célibat des prêtres n'a pas été au départ une décision hiérarchique, mais une demande populaire.

Les siècles ont passé. Il ne faut pas se cacher la vérité : aujourd'hui, dans toute la cordillère des Andes que je connais bien, combien sont les prêtres qui vivent le célibat ? Quand la femme du prêtre passe dans la rue, personne ne se scandalise, au contraire on la respecte. Les évêques d'Amérique latine sont parfaitement au courant et ont depuis longtemps renoncé à ce que, dans ces populations « chrétiennes », les actes soient conformes aux enseignements pontificaux.

Ne compliquons pas les choses. Il y a, il y a toujours eu des hommes appelés intérieurement au célibat et qui vivent la chasteté non comme une mutilation, mais comme une sublimation. Ce fut le cas des pères du désert, des ermites qui partaient dans des grottes. Bravo ! Mais aujourd'hui des communautés réclament des prêtres et – à l'inverse des temps anciens – accepteraient tout à fait que ce soient des prêtres mariés.

La vie d'un prêtre dans le monde actuel n'est pas la vie du curé d'Ars. Il est en ville, il ne peut pas mettre le nez dehors sans voir une affiche sexuellement provocante, et je ne parle ni de la radio ni de la télévision. Il se crève toute la journée, l'exigence spirituelle, les problèmes sociaux, et quand il rentre chez lui tout seul, il n'a ni détente ni réconfort. Le dialogue de l'amour lui devient un appel au secours, qui n'est pas sans analogie avec la fidélité à la prière d'adoration.

BERNARD KOUCHNER : La vieille servante a disparu, la vieille servante dont on disait qu'elle était sa maîtresse.

ABBÉ PIERRE : Il y avait des cas, mais en France, pour ce que je connais, c'était loin d'être la pensée commune. Il y avait aussi de très saintes femmes, et les bonnes de curé dont on blaguait. Du genre de celles qui disaient : « Nous confesserons vendredi de quinze à dix-huit heures. »

Bernard Kouchner : Profondément, je ne comprends pas. Si Dieu est Amour, pourquoi interdit-on l'amour aux prêtres?

Abbé Pierre : Je te le répète, cela n'a aucun fondement évangélique. Saint Matthieu cite cette parole du Christ : « *Il y en a qui sont eunuques de naissance, il y en a qui sont eunuques par la main des hommes et il y en a qui sont eunuques par choix pour le royaume de Dieu.* » Par choix! Tu choisis ce que tu veux. Mais il n'est pas croyable qu'on puisse laisser des communautés innombrables de fidèles sans sacrements parce qu'on se refuse à ordonner des hommes mariés. Chez les coptes et les maronites, qui font partie de l'Église catholique, les prêtres sont mariés. Je suis tout à fait convaincu que l'obstination d'une partie de la hiérarchie sur ce sujet ne tardera pas beaucoup à être dépassée.

Bernard Kouchner : Elle nourrit chez les prêtres une telle frustration d'amour...

Abbé Pierre : Absolument. Certains, par un don exceptionnel, peuvent facilement – enfin, facilement... – le transcender. Après tout, on voit bien des veufs rester chastes sans en devenir détraqués. Mais l'hypocrisie de la situation actuelle...

Bernard Kouchner : ... pousse à des amours clandestines...

Abbé Pierre : ... oui, compte tenu de conditions quasi invivables pour un jeune homme qui se veut fidèle à la chasteté aujourd'hui.

Bernard Kouchner : Si un prêtre vit une histoire d'amour, est-ce considéré comme un vrai péché ou simplement comme une histoire que l'on doit cacher à la hiérarchie?

Abbé Pierre : S'il reste dans son ministère, il manque à un vœu, c'est vrai. N'ayant pas la force de le tenir, par moments il tombe. Ce n'est pas à son supérieur hiérarchique, son évêque, qu'il est le plus sage de s'en confier, mais à un vrai directeur spirituel.

Bernard Kouchner : Quand tu dis « il tombe », ce n'est pas péjoratif dans ta bouche?

Abbé Pierre : C'est humain! Il manque à un vœu. Il faut conduire à droite, il a passé la ligne blanche. La grâce de Dieu ne cesse pas de l'accompagner.

Pour la réunion de famille du cinquantième anniversaire de mon ordination, mes neveux décidèrent de me poser des questions. Il y a eu quatre-vingt-six questions. L'une d'elle revenait deux fois : « De vos trois engagements, obéissance, pauvreté, chasteté, quel est celui qui vous a le plus coûté? »

C'est la seule question à laquelle j'ai répondu par écrit. J'ai répondu ceci.

L'obéissance : jamais, pendant les sept ans et demi où j'ai été moine, je n'ai été confronté à un commandement qui me contrariait ou me posait des problèmes.

La pauvreté : comme capucin, ce n'était pas mon affaire. On vivait frugalement, on dormait sur la planche, mais c'était au supérieur de se débrouiller pour que nous ayons de quoi manger. Plus tard, avec Emmaüs, j'ai connu la misère. Mais la misère n'est pas la pauvreté.

Ce qui m'a coûté le plus, ce n'était pas de renoncer à la plénitude de l'acte d'époux, ce n'était pas cela le tourment. C'est la privation de tendresse humaine. Pour vivre le célibat volontaire dans la sérénité et la joie, il faut consentir à ce renoncement de tendresse.

J'ai ajouté : On va certainement me dire : si vous aviez de nouveau vingt ans en sachant ce que coûte cette privation, prononceriez-vous quand même ce vœu ?

Et je réponds : Dieu est malin, Il ne nous fait ressentir ce que coûte un renoncement qu'au fur et à mesure qu'Il nous fait percevoir un autre « ordre » de réalité. J'ai vécu dans la souffrance de la privation, mais aussi dans la découverte émerveillée de ce que l'on peut appeler « les tendresses de Dieu ». J'ajoute qu'elles ne sont pas réservées aux moines, elles sont tout autant offertes aux époux. Et si j'avais à la fois la connaissance de ce que coûte la privation de tendresse humaine et la connaissance de la merveille des tendresses de Dieu, sûrement je dirais encore oui. Je termine avec un poème de saint Jean de la Croix que j'aime beaucoup : « *Je la connais, la Source, mais c'est de nuit...* » Les tendresses de Dieu sont de nuit.

BERNARD KOUCHNER : Ce que je sais de Dieu, c'est qu'il est nécessaire aux hommes. Cela, c'est sûr. Car sinon les dérives seraient épouvantables. Elles sont déjà épouvantables avec Dieu, mais ce serait sans doute encore plus effrayant. D'où ceci : Dieu est aux hommes ce que les neuroleptiques sont à certaines formes agitées d'angoisse. C'est peut-être mieux avec.

Abbé Pierre : Il ne s'agit pas de réponses qui proviennent de la logique, c'est du domaine de l'amour... Oui... N'ayons pas le ridicule d'aller demander à ceux qui s'aiment : « Pourquoi tu l'aimes ? » Il ne va pas faire deux colonnes, le plus, le moins et comptabiliser : « Elle a tels défauts, telles qualités, bon, il y a cinquante et un pour cent de plus. » Quelqu'un à qui on dirait : « Pourquoi tu l'aimes ? », il répondrait : « Parce que je l'aime et c'est tout. »

La loi du tapage

BERNARD KOUCHNER : Mon père, c'est toi qui as inventé la loi du tapage médiatique, en 1954, lorsque tu as fait passer tes messages à la radio. Cela m'a toujours impressionné. Un petit enfant meurt de froid, dans une carcasse d'autobus, et tu te précipites à Radio-Luxembourg...

ABBÉ PIERRE : Ça ne s'est pas tout à fait passé comme ça. L'hiver 1953-1954 a été terrible, certaines nuits le thermomètre descendait à moins 30 dans les Vosges, moins 15 à Paris.

BERNARD KOUCHNER : Il faut un froid catastrophique pour faire un abbé Pierre, comme il fallait la débâcle de 1940 pour faire un général de Gaulle...

ABBÉ PIERRE : Oui, je le crois profondément, ça nous est arrivé, ce sont les circonstances qui font les gens. Je bataillais donc pour obtenir du Parlement le vote d'un milliard pour les sans-logis. Et un matin, au moment même où on me téléphonait pour m'apprendre que le Conseil de la République, le Sénat, avait repoussé les crédits, on frappe à ma porte : c'était un papa qui venait me dire que son bébé était mort de froid pendant la nuit dans sa roulotte. A ce moment-là, j'ai écrit une lettre ouverte au ministre de la Reconstruction et du Logement, M. Lemaire, qui avait refusé les crédits. Je lui ai demandé de venir à l'enterrement du bébé : « *Ce serait bien si vous veniez parmi nous à cette heure-là. On ne vous recevrait pas mal, croyez-moi. On sait bien que " vous ne vouliez pas ça " en renvoyant à deux, trois ans ceux qui couchent sous les ponts au sortir de l'usine. On se dirait : après, il saura, il deviendra autre... Ne soyez pas une deuxième fois l'homme qui nous aura dit non. On aimerait tellement mieux vous aimer que d'être obligé de lutter contre la tentation de vous maudire...* »

Le Figaro a publié cette lettre, le ministre est venu à l'enterrement. Ça a été un choc très fort : le fait qu'un prêtre, décoré de la Résistance, ancien député, vive avec des brigands, d'anciens forçats, et souhaite construire des logements pour des familles désespérées, cette accumulation a commencé à remuer la France.

Ce n'était pas suffisant.

Le deuxième choc est venu un peu plus tard. Après avoir travaillé toute la journée avec les chiffonniers, le soir vers dix heures on partait avec le camion pour distribuer des soupes, des couvertures, des vêtements aux gens qui dormaient sur les bouches de métro. Une nuit, en traversant Paris, à côté de la place du Châtelet où l'on présentait les ballets du marquis de Cuevas dans des décors d'un faste inouï, sur le boulevard de Sébastopol mes amis voient un gros paquet de chiffons. Ils descendent les ramasser : c'est une vieille femme qui agonise. Ils l'emmènent au commissariat pour trouver un peu de chaleur. Trop tard. Elle est morte et tient dans sa main un seul papier, le papier de l'huissier qui l'avait expulsée de sa mansarde, deux jours plus tôt, parce qu'elle n'avait pas payé son loyer.

J'ai raconté cette histoire horrible en chaire, dans l'église de Courbevoie. J'ai répété l'histoire à la mairie pour mobiliser la population. Les cités d'urgence, c'était dépassé, il fallait inventer le secours d'urgence. Nous avons créé deux centres pour les sans-logis, avec des paillasses, des couvertures. Chaque soir, mes amis allaient chercher les malheureux sur le pavé, qu'ils ramenaient par centaines, souvent des jeunes.

La tâche était surhumaine, impossible. Mes compagnons m'ont dit : « Y en a marre ! On ne peut pas travailler le jour et travailler la nuit. Il faut prendre d'autres moyens, cesser de bricoler et créer une véritable chaîne contre la misère. » Un ami journaliste lance l'idée : « Il faut un appel à la radio. » Avec lui, je gribouille dix lignes au dos d'une feuille de *La Vie catholique* : « *Mes amis, au secours. Chaque nuit, ils sont plus de deux cents recroquevillés sous le gel dans la rue, sans toit, sans pain ; plus d'un sont presque nus... Il faut que, ce soir même, dans toutes les villes de France, dans chaque quartier de Paris, des pancartes s'accrochent sous une lumière dans la nuit, à la porte de lieux où il y ait paille, couvertures, soupe...* » Je téléphone à la Radiodiffusion française un quart d'heure avant le journal de treize heures. On n'a jamais su le nom de l'homme qui a pris la communication : « Passer ce message ? Vous n'y pensez pas, a-t-il dit. La radio est un service public. On ne lance pas comme ça des appels privés, il faut des tas de formalités. Ce n'est pas possible. »

A ce moment, un chiffonnier m'a pris l'appareil des mains : « Monsieur, administrativement, vous avez sûrement raison. Mais peut-être que si vous dites non au père, demain matin quand vous serez bien au chaud dans votre appartement et que vous prendrez votre petit déjeuner, peut-être bien que vous deviendrez rouge de honte devant vos enfants parce que vous lirez dans le journal que des enfants sont morts de froid. Et vous ne pourrez pas ne pas penser : c'est ma faute parce que j'ai refusé. »

Il y a eu un silence. Puis le journaliste m'a dit : « Dictez-moi votre texte. » Si bien que l'appel du 1er février à la Radio française n'est pas de ma voix. Mais aussitôt le texte dicté, nous avons foncé de Courbevoie à Radio-Luxembourg, en brûlant les feux rouges. On les prévient de mon arrivée au téléphone. Ils m'attendent sur le trottoir, je me précipite, au pied de l'ascenseur je m'aperçois que j'ai oublié le texte dans la voiture, je vais le chercher, je le lis enfin. Où envoyer les dons ? Je donne le nom de l'hôtel Rochester, rue La Boétie, parce que sa propriétaire m'avait proposé douze chambres pour les sans-logis. Mais cette brave femme n'était avertie de rien. Quand avec ma 4 CV je suis arrivé rue La Boétie, il y avait déjà des mètres cubes de couvertures et de lainages, tout le quartier était bloqué, la RATP devait détourner les autobus. C'était gagné : l'insurrection de la bonté. *France Soir* pouvait titrer en caractères énormes : « Personne n'a couché dehors la nuit dernière. »

Le gouvernement nous avait refusé un milliard, après cela il nous en a accordé dix.

BERNARD KOUCHNER : C'était ta grande découverte : autant qu'aider, il faut témoigner. Sans parole, sans images, pas d'indignation. J'ai compris la même chose au Biafra, en 1968. Nous étions un groupe de médecins partis soigner un peuple menacé de génocide. Nous dépendions de la Croix-Rouge qui nous imposait un serment de silence : ne pas révéler ce que nous savions, telle était l'infrangible loi. Nous avons vu un peuple mourir, enfermé dans un réduit bombardé, devant l'indifférence générale du monde. J'ai rompu le serment, j'ai parlé et publié. Au début, on m'a pris pour un trublion insupportable mais d'autres médecins ont suivi. Crois-tu que la gauche, ma famille politique en 1968, m'ait si bien accueilli à mon retour? On m'a traité de réactionnaire : les Nigérians massacreurs étaient forcément de gauche puiqu'ils étaient soutenus par les Soviétiques et le gouvernement travailliste de Grande-Bretagne, les Biafrais étaient donc de droite. Bons pour le massacre.

Les médias ont joué un rôle de premier plan dans la prise de conscience mondiale. Les images de ces petits enfants affamés au ventre gonflé ont fait le tour du monde. Cela n'a pas sauvé les Biafrais, le réduit est tombé, mais peu à peu les journalistes, l'opinion ont compris : une guerre, une famine, une misère oubliées iront jusqu'à leur terme tragique. On risque moins de mourir sous l'œil des caméras.

En 1979, quand les Vietnamiens fuyant leur pays se noyaient par milliers en mer de Chine, nous avons lancé un bateau, *l'Ile de Lumière*, pour aller les repêcher. Là, j'ai pensé que les médecins ne suffiraient pas. Il fallait des marins, bien sûr, et des militants, mais d'abord l'appui des grands intellectuels pour un véritable tapage. C'est ainsi que Sartre et Aron, brouillés depuis 1947, se sont réconciliés le temps d'une conférence de presse pour affirmer : « Il faut sauver les corps. » Le mot même de Camus. Dieu sait si l'on m'a reproché cette initiative spectaculaire ! Médecins sans frontières, que nous avions pourtant fondé pour soigner et témoigner, refusait que l'on mêle les intellectuels, les artistes, les politiques à nos combats humanitaires. Il voulait garder pour lui la boutique de charité. Qu'importaient alors les victimes ! Pour cela, j'ai été expulsé de ma propre organisation, on m'a accusé de faire du batelage, d'agir par vanité personnelle. Ceux avec qui j'avais construit une organisation trahissaient : Judas humanitaires.

ABBÉ PIERRE : Pour le bateau, les chiffonniers d'Emmaüs ont donné beaucoup. Le secrétaire général international à l'époque était Hervé Teule, un ancien directeur de la BNP. Il était enthousiasmé par le sauvetage des boat-people et il avait convaincu les communautés d'Emmaüs qui ont donné leurs bénéfices.

BERNARD KOUCHNER : L'Europe, l'Amérique se sont mobilisées, et le résultat est là : des milliers d'hommes, de femmes, de vieillards, d'enfants ont échappé à la noyade, aux pirates. Nous avons obtenu des visas pour les accueillir en France, en Belgique, aux Etats-Unis. Nous avons construit des hôpitaux dans les îles surchargées.

Nous revenons de loin. Prenons la mesure de notre siècle, qui s'ouvre sur le génocide des Arméniens par les Turcs: indifférence et non-intervention. Auschwitz: la Croix-Rouge a visité les camps nazis, a compris et s'est tue! Le goulag et Staline: des millions de morts, personne n'est intervenu; il s'est même trouvé des partisans qui taisaient ce qu'ils savaient et couvraient les massacres de leurs oriflammes idéologiques. Plus près de nous dans le temps, Pol Pot au Cambodge, la moitié d'un peuple hachée par l'autre moitié, un délire atroce, sacs de plastique pour étouffer, tortures et humiliations du moindre lettré et de tous les porteurs de lunettes comme pour détruire l'intelligence et la culture. L'Occident a laissé faire, nos démocrates de droite y ont vu la marque d'un destin, nos hommes de gauche ont trouvé des excuses dans la dénonciation de l'impérialisme américain.

Aujourd'hui, on ne supporte plus le silence. Lorsque, en 1991, au revers d'une guerre perdue, Saddam Hussein s'apprête à faire mourir le peuple kurde d'Irak, les images de ces foules entières chassées dans la neige, courant à la mort, bouleversent l'Occident sur le petit écran au repas du soir. L'Amérique, l'Angleterre, même le gouvernement français ont hésité à bouger. Mais l'horrible vérité perçait les écrans. Les Nations unies ont condamné le dictateur irakien, les troupes alliées ont organisé l'action humanitaire. L'aide a été distribuée sous la protection des armées coalisées contre Saddam. Extraordinaire nouveauté dans notre siècle de tortures et de massacres, pour la première fois la communauté internationale a empêché un génocide, pour la première fois elle a permis à un peuple expulsé de retrouver ses villages et ses terres. Bien sûr, tous les problèmes n'ont pas été résolus pour autant. Au moins, les Kurdes ont pu voter et vivre à l'abri des bombardements.

Une fois encore, il aura fallu montrer des reportages atroces aux journaux télévisés, en pleine euphorie des jeux Olympiques, pour que l'on s'aperçoive que trois millions et demi de Somaliens étaient menacés par une famine encore plus grande que celle de 1985-86, que pour des milliers d'entre eux il était déjà trop tard. Sans ces images choquantes rien ne serait venu briser notre confortable indifférence. C'est alors que nous avons lancé l'opération « Riz en Somalie », en mobilisant près de treize millions d'écoliers et de lycéens français qui ont chacun apporté leur petit sac : neuf mille trois cents tonnes de riz, c'est-à-dire de quoi sauver un million et demi de personnes pendant un mois et demi.

Bien sûr, là aussi les esprits mauvais, les mêmes, ont ricané, comme si nous faisions un cirque. On nous a expliqué qu'il était plus simple et moins cher d'acheter tout simplement le riz plutôt que de remuer les écoles, l'Education nationale dans son entier, les Postes pour acheminer les sacs, etc. Et alors ? C'est justement ce que nous voulions : impliquer tout le monde.

Je me souviens bien : il y avait à l'époque en Somalie cinq cents Casques bleus pakistanais impuissants qui regardaient piller l'aide internationale. Nous en réclamions quatre mille. Après cette opération médiatique, qui a de très loin dépassé la France, nous avons vu débarquer vingt-huit mille soldats d'une force multinationale menée par les Etats-Unis. On les a en effet beaucoup vus, mais ce n'est pas ça l'essentiel. Tout n'est pas parfait, mais au moins pour quelques mois on ne meurt plus de faim en Somalie. Des millions de gens sauvés d'extrême justesse.

Les mêmes esprits mauvais m'opposent que le Soudan aussi se déchire et se meurt. Je le sais, j'ai franchi la frontière du Sud illégalement deux fois, officiel et illégal ministre français de l'Action humanitaire dans un devoir d'ingérence. Je suis allé m'expliquer ensuite à Khartoum et on m'a entendu, crois-moi. Et nous aidons le Sud-Soudan. Il y a quelques jours, les membres de mon cabinet, Françoise Monard, Jean-Maurice Ripert et François-Xavier Roux, ont développé un programme de traitement du kala-azar, une maladie parasitaire endémique. Si on avait laissé mourir les Somaliens, les Sud-Soudanais s'en seraient-ils mieux portés?

Qu'on ne m'objecte pas la guerre dans l'ancienne Yougoslavie. C'est en apportant des caméras que nous avons pu faire ouvrir certains camps. Il aura fallu des images abominables et des récits d'exécutions au bord d'une route de Bosnie pour que l'indignation mondiale commence à peser sur les diplomates et les politiques. Sans ces films, sans ces témoignages que nous sommes allés recueillir, pour lesquels des journalistes courageux, dont mon ami Pierre Blanchet, sont morts, on n'en serait certainement pas à l'application de résolutions sur la protection armée des convois humanitaires, ni à la création, pour la première fois depuis Nuremberg, d'une procédure internationale qui condamnerait les actes individuels de violation des droits de l'homme.

Nous ne sommes pas au bout. Moi-même, je suis parfois écœuré devant les passivités occidentales, les lâchetés politiques. Que faire? Continuons de crier. Les tyrans le savent : le pire ennemi de l'oppression, c'est la presse libre, c'est la photographie, c'est la parole. Et l'humanitaire.

Mon père, tu appartiens au patrimoine commun de l'humanité. Tu es devenu un personnage historique, on tourne des films sur toi. Comment arrives-tu à vivre avec cette notoriété colossale? Comment la gères-tu?

ABBÉ PIERRE : La pire vacherie que l'on peut faire à un copain qu'on n'aime pas, c'est de lui souhaiter de devenir célèbre. Un peu de célébrité, ce n'est pas désagréable. Au-delà d'un certain degré, il y en a franchement marre. Comment j'ai géré ma notoriété? Je me suis débrouillé avec, je l'ai supportée. En vérité, ma première réaction consiste à ne pas en tenir compte. Je n'ai jamais pensé : qu'est-ce que les gens vont encore dire, on va me poursuivre, me demander des autographes. Je m'en fous. D'abord l'acte, l'action.

Un jour, il y a longtemps, j'étais à l'hôpital, j'y suis allé très souvent dans ma vie. Et on m'annonce que Brigitte Bardot est hospitalisée elle aussi, après une tentative de suicide. Je me revois dire à la sœur infirmière: comme je la comprends! Brigitte Bardot avait un impresario dont la profession était de faire du tam-tam, de répandre son portrait partout, affiches, photos... Elle en était la victime, la prisonnière. Elle n'a pas cherché cette gloire, c'était comme ça. Je n'étais pas surpris qu'elle ait tenté de se tuer, parce qu'elle ne pouvait plus supporter. Dépression, fatigue, je connais bien cela.

Pour une émission de télévision, un soir j'arrive seul dans les studios. Des tas d'inconnus me congratulent et me font part de leur admiration. Patrick

Poivre d'Arvor me dit : « Mon père, ça ne doit pas être marrant. » Je lui ai répondu : « Essayez de comprendre à quel point c'est humiliant. » Ça l'a frappé, et il m'a reposé la question devant les caméras. Je me suis expliqué :

« Nous tous, les humains, nous avons besoin d'avoir des modèles qu'on aime. Pour les uns, sainte Thérèse de l'Enfant-Jésus, pour d'autres, mère Teresa ou Napoléon. Mais quand, comme dans mon cas, on est l'objet d'admiration, c'est très pénible. Moi, je me sens l'instrument de Dieu. Et les hommes, dans leur gentillesse, m'attribuent ainsi une perfection qui n'est pas la mienne. A moins d'être un crétin, je sais bien que je ne suis pas à la hauteur de ces actes divins qui se sont réalisés à travers moi. Je connais mes péchés, mes défauts. Voilà pourquoi je me sens humilié : cela m'oblige à prendre conscience de ce que je devrais être et que je ne suis pas. »

Je me souviens d'en avoir parlé un jour à une bonne sœur qui m'a répondu : « Très simple, vous n'avez qu'à devenir ce qu'ils attendent que vous soyez, et d'ailleurs, c'est ce que je vous souhaite. » Impossible.

Comment je m'en tire ? Eh bien je m'en fiche, de mon personnage et de cette admiration. C'est épuisant.

Mais toi, Bernard, tu te débrouilles comment avec ton personnage ? Deux passages à la télévision par semaine, la couverture des hebdomadaires ? On t'ennuie avec ça... Ça te fait plaisir ?

BERNARD KOUCHNER : Non, mais il fallait que cela s'arrête et c'est fait. Je n'ai absolument pas le sentiment d'être un personnage. Oui, on me reconnaît dans la rue. Mais pendant très longtemps j'ai été un petit missionnaire, avec d'autres volontaires, dans les endroits où j'allais, le Biafra, l'Irlande, le Salvador, le Liban, l'Afghanistan... Je me faisais des amis sûrs. Au retour de plusieurs semaines ou mois de mission, j'apparaissais à la télévision, pour dénoncer un scandale, une guerre oubliée. Je parlais des autres, pas de moi. Je n'ai jamais parlé de moi.

Aujourd'hui c'est plus contraignant. Ministre, j'étais plus efficace, mais plus voyant. Oui, à Sarajevo on me reconnaît – j'y suis allé tant de fois –, on m'embrasse, et cela j'en suis fier! Quand je suis sorti de la prison militaire avec les prisonniers libérés, et que des femmes m'ont applaudi, que les gens m'ont fait signe depuis les fenêtres des immeubles épargnés par les bombes, ça m'a fait plaisir. Je n'en étais pas pour autant un personnage, j'étais quelqu'un de chez eux, quelqu'un de proche.

Toi, mon père, on te prend pour un saint, avec tous les problèmes que cela pose. Moi, pas du tout. On a du respect pour toi. Pour moi, on n'a pas de respect, mais de l'amitié, ou de la colère. Malheureusement, on me prend parfois pour une star, comme un acteur de cinéma. On n'essaie pas de comprendre ce que j'ai fait. On m'attaque, on me critique, beaucoup. On me traite comme un farfadet fasciné par les caméras. On ne te dit pas : « Ah! cher abbé Pierre, je vous ai vu à la télévision. » Moi, souvent, on m'identifie à travers la caméra. Toi, tu es un personnage intériorisé, enfin, tu es à l'intérieur de chacun. J'ai parfois l'impression qu'on me prend pour un animateur de télévision. J'aurais sans doute dû être plus sélectif!

J'ai un avantage, je reste aussi un type qu'on appelle Bernard, ce qui me plaît bien. Les militants, les gens qui m'aiment me tutoient facilement; moi je les tutoie de toute façon.

Je me sens à l'aise dans une foule, au milieu des hommes. Cela vient peut-être de ma pratique médicale. Un jour à Rennes, quand j'étais ministre, des individus se sont précipités sur moi pour crier des slogans à propos des Palestiniens. On a voulu me retenir. Immédiatement je suis allé vers eux. J'ai assez fréquenté les guerres, les morts violentes, les vraies menaces... Je n'ai plus ces frayeurs-là depuis longtemps. Alors recevoir un œuf pourri ou un coup sur la tête, ça ne me fait pas trop reculer. Attention, je parle de peur physique. Parce que la menace sentimentale me fait encore peur, la menace intellectuelle me fait de la peine, l'incompréhension me navre, la trahison me tue. Mais dans mes voyages de ministre, je n'avais pas le sentiment d'avoir besoin de protection, avec mes officiers de sécurité nous nous partagions les tâches. J'en aurais eu besoin, autrefois, dans les endroits où personne ne m'a jamais protégé, quand j'ai traversé le champ de mines entre l'Iran et l'Irak, pour sortir entre les deux Kurdistān, quand j'ai dû passer des ponts sous la mitraille et les bombes, en courant. C'est drôle, il y a des hommes qui ne comprennent pas la différence entre la mort physique, l'objet de métal qui peut te fendre la tête en deux, et une bousculade avec trois manifestants qui lancent des tomates.

Sérieusement, je n'arrive pas à me considérer comme un personnage. Une fois, par méconnaissance d'un changement d'horaire, je suis arrivé en retard au Conseil des ministres. J'avais en plus manqué en toute ignorance une réception chez le ministre de l'Intérieur, alors que nous venions de marquer nos divergences à propos de la toxicomanie. On a vu dans cette absence des intentions que je n'avais pas. J'ai donc traversé seul la cour de l'Elysée, à pied. Il y avait la garde républicaine au grand complet parce que le Président devait recevoir un chef d'Etat étranger. Et les types avec leurs casques à cimier, leurs sabres, se mettent au garde-à-vous. Les journalistes me regardent. J'éclate de rire : « C'est pour moi, tout ça ? »

Cela dit, quand on représente la République pour le dépôt d'une gerbe ou pour passer en revue la garde, il faut naturellement le faire avec dignité. Mais ce n'est pas le personnage qui compte, c'est la fonction. Etais-je vraiment digne de représenter la République ? Oui ? Non ? En tout cas je l'ai fait avec sérieux. C'est normal, et puis ça passera, d'ailleurs c'est déjà passé.

J'ai toujours été étonné qu'on m'appelle « Monsieur le Ministre ». Au début, je trouvais ça ridicule. A la longue, j'en ai conçu une lassitude sur fond de petite satisfaction personnelle. Sauf que je m'en fiche complètement. Mais si l'on était méchant avec moi, j'étais capable de dire : « Appelez-moi Monsieur le Ministre. » C'était un bouclier. Oh, ça a dû arriver trois fois. J'ai remarqué que les gens qui me donnaient ce titre étaient flattés : j'étais leur ministre, la preuve qu'ils fréquentaient des hommes puissants. Très honnêtement, je rêvais de reprendre ma petite Vespa noire.

Un mot sur la télévision. Je connais des hommes politiques, et parfois de premier rang, qui vivent dans l'angoisse d'une émission programmée, un *7 sur 7* ou une *Heure de Vérité*. Dans la semaine qui précède, tout le cabinet est mobilisé et le ministre ne songe qu'à sa prestation. Il a l'impression de risquer sa vie – sa vie politique s'entend – au petit écran. Ça m'a toujours surpris, ces hommes qui croient jouer leur carrière dans un saut d'obstacles médiatique. Moi, je ne pense pas jouer ma carrière, je n'en ai pas. Si je suis bon, tant mieux, c'est que j'avais quelque chose à dire. Je suis mauvais? J'en ressens un peu de peine, voilà tout. Et je me fais tancer par une dame de mon entourage. Mon principe reste d'être toujours sincère et de faire passer ce que je crois. Je ne sers aucun parti, j'avance mes idées comme je peux, quand j'en ai.

ABBÉ PIERRE : Un jour un jeune évêque vient me voir. Il était assis là où tu es. Et d'un ton naïf il me dit : « Vous qui avez des contacts avec les médias, expliquez-leur qu'ils ne sont pas vraiment gentils avec nous. Ils ne nous invitent jamais. » Je lui ai répondu : « Qu'est-ce que les médias? Des types qui gagnent leur vie en fonction de l'écoute qu'ils obtiennent. S'ils n'ont pas d'auditeurs ou de téléspectateurs, on les vire. Ils ne s'intéressent pas à vous, mais c'est peut-être parce que parmi vous, il n'y a pas grand monde qui se soit mouillé dans les affaires qui touchent le cœur des gens. La mère Teresa, elle, elle a une grosse écoute, et vous savez bien pourquoi. »

On charge les médias de tous les maux. C'est injuste. Il y a longtemps, quand on commençait à parler d'Emmaüs, je suis tombé malade une fois de plus. J'avais une forte fièvre, j'étais couché, la porte s'ouvre, un flash, un journaliste s'approche de mon lit. Je me fâche : « On ne rentre pas chez les gens comme ça, je suis fatigué, laissez-moi en paix. » Le journaliste ne se démonte pas : « Mon père, dit-il, les journaux ça existe, ni vous ni moi n'y pouvons rien. Il faut qu'ils se vendent. Si pour ça on publie des histoires de crimes et des cochonneries, vous nous engueulez. Si de temps en temps on veut traiter de ce qui se fait de bien, vous nous engueulez encore. Alors, qu'est-ce que vous voulez qu'on fasse ? »

Depuis ce jour-là, je reste désarmé devant la pression des journalistes. Mes amis m'expliquent que j'ai tort d'en recevoir autant. J'ai pitié des journalistes qui doivent tous les jours trouver de quoi remplir leurs pages. Pour que ça marche, il leur faut une certaine dose de crimes et de cadavres. Une petite fille brutalisée, un tremblement de terre, ça fait vendre. En revanche, dire qu'hier quatre milliards d'hommes et de femmes sur les cinq qui peuplent la planète ont bien fait ce qu'ils avaient à faire, tout bonnement leur travail, l'éducation des enfants, les repas, les jeux, ça ne fournit pas un titre. Ainsi, sans le vouloir, les journalistes cultivent la sinistrose. Il ne s'agit pas de fermer les yeux sur le mal du monde. Toi, Bernard, tu le sais bien, tu as devant toi le sang des victimes et la méchanceté du blessé qui aussitôt guéri va reprendre une arme. Mais il y a aussi cette part de la réalité dont on ne parle pas, la bonté, la tranquillité, le bonheur. Les journaux doivent trouver un équilibre, montrer la beauté des étoiles, des fleurs, des oiseaux, des fiancés, des enfants. Des musées aussi. C'est indispensable à la bonne santé d'une société.

Bernard Kouchner : Tu as raison. J'ai assez fait de journaux, *Clarté*, *L'Evénement* de d'Astier,

Actuel, pour savoir que ce souci existe. Devant les malheurs du monde, les rédacteurs en chef s'arrachent les cheveux pour dégager quelques pages belles ou gaies.

Bon, revenons à ton personnage. Tu es un abbé de cri, mon père. Le soir du résultat des élections, dans cette ambiance conforme, tu as fait un juste tabac en faveur des mal-logés et contre le Front national. J'ai eu en t'écoutant un peu honte d'être resté si longtemps ministre, et donc trop retenu. Même si tu te fiches de ton personnage, tu utilises ton image et ta notoriété pour sauver des gens, pour lancer des appels.

ABBÉ PIERRE : Chez moi, cela n'a jamais été un calcul. Quand j'ai refusé le grade de grand officier de la Légion d'honneur, je mesurais bien le retentissement que cela pouvait avoir. Mais je n'ai pas conçu cela comme une stratégie. Il s'agissait pour moi d'une réaction très profonde : je ne pouvais pas accepter la décoration alors qu'il y avait tant de familles sans logis. A part cela, bien sûr, tous les journaux en ont parlé et c'était un moyen de réveiller l'opinion.

BERNARD KOUCHNER : Cela se passait le 14 juillet de l'année dernière ?

ABBÉ PIERRE : Oui.

BERNARD KOUCHNER : Pourtant, quelques années auparavant, tu avais accepté une promotion dans l'Ordre de la Légion d'honneur ?

ABBÉ PIERRE : En effet. C'est d'ailleurs assez rigolo. Cela s'est produit du temps de Giscard. J'étais déjà chevalier au titre de la Résistance, et brusquement, un jour, on me poursuit au téléphone dans toute la France. On finit par me trouver dans une communauté en Alsace et on m'explique : « Voilà, le président Giscard d'Estaing a décidé, pour la clôture de l'année des Droits de l'Homme, de faire une promotion exceptionnelle de cinq personnes, deux chevaliers, deux officiers, un commandeur. Vous êtes l'un des officiers. Comme le veut la coutume, nous vous demandons votre accord préalable. » – « Bien, dis-je, laissez-moi deux jours pour réfléchir. » Je consulte mes compagnons. Eux, ils n'hésitent pas : « Acceptez, cela nous confirmera dans notre responsabilité de provocateurs. » J'accepte donc.

Restait un problème : il y avait des élections en vue et je ne voulais pas servir une propagande électorale. J'annonce à mes amis : « On fait ça en vitesse dans les quinze jours qui viennent et terminé ! » J'écris à la Chancellerie, je choisis mon parrain, le professeur Milliez.

BERNARD KOUCHNER : Paul Milliez est un de ces hommes qui honorent et sauvent la médecine, un de mes pères spirituels, je l'aime beaucoup. Justement, avant de quitter le ministère, j'ai appris que je n'avais pas obtenu sa promotion au grade de commandeur. J'ai été triste.

ABBÉ PIERRE : A cette époque, je ne le connaissais pas, mais je venais de lire un livre de lui qui me plaisait. Il me donne son accord. Nous décidons que la cérémonie aura lieu la semaine suivante dans la communauté d'Emmaüs à Neuilly-Plaisance. Catastrophe, la présidence de la République téléphone : Giscard avait déjà convoqué tous les grands corps de l'Etat, les ambassades, etc., pour remettre lui-même les cinq décorations dans le grand salon de l'Elysée. Nous négocions pendant huit jours. Voici le compromis : on me remettra plus tard ma décoration à Neuilly-Plaisance, j'accepte auparavant de venir à l'Elysée, le Président prononcera ses petits discours, décorera les quatre autres et me donnera une simple accolade. Mes amis se méfient : « Quelle tête vous ferez, si, une fois à l'Elysée, Giscard vous décore quand même ? » Je réponds : « Il n'est pas capable de faire ça ! » – « Attention, quand vous rentrerez dans le grand salon, regardez bien sur la crédence au fond s'il y a quatre ou cinq boîtes. »

J'arrive dans le salon. Il n'y avait que quatre boîtes. On me place au milieu des autres. Le Président décore les deux premiers. Puis, face à moi, il parle de ma vie et d'Emmaüs avec cette intelligence qui le caractérise, et déclare : « Nous tous, nous portons en nous l'inoubliable image du chef-d'œuvre de Rembrandt qui est au Louvre, *le Christ apparaissant aux disciples d'Emmaüs.* Comment nous étonner, mon père, que vos compagnons vous aient dit : " Reste avec nous ? " »

C'est bien, hein ? Mais le lendemain j'ai été trahi par *Le Figaro*, qui a publié une photo prise juste au moment où Giscard m'embrasse avec cette légende : « L'abbé Pierre ne peut cacher sa joie d'être décoré par le Président ».

Un an a passé. Bien après les élections, le professeur Milliez est venu me décorer pour de bon à la communauté.

BERNARD KOUCHNER : Et l'année dernière, finalement, cette promotion que tu as refusée pour attirer l'attention sur les sans-logis, ça s'est terminé comment ?

ABBÉ PIERRE : J'ai laissé traîner. Le décret a été publié au *Journal officiel* et il n'y a pas eu de remise de décoration. Deux hauts fonctionnaires sont venus me voir pour me tâter. Je devinais leur crainte : quel caprice va-t-il encore nous faire ? Je les ai laissés tourner autour du pot, ils n'osaient pas vraiment me parler de Légion d'honneur. A la fin, je leur ai déclaré : « Vous êtes venus pour ça. Dites à ceux qui vous envoient que je m'engage à ne faire aucun embarras s'ils tiennent à mettre ça sur mon cercueil. »

BERNARD KOUCHNER : Moi, ça ne devrait pas m'arriver parce qu'à vingt ans, avec Régis Debray et quelques autres, nous avons fait le serment de ne jamais accepter de décorations, sauf à titre étranger, ou à titre militaire. Il y a peu d'années, j'ai renouvelé ce serment avec Alain Minc. C'était très prétentieux, mais c'est comme ça. Seulement, maintenant, on ne demande plus son avis au récipiendaire ! Tiendrai-je le serment ? En t'écoutant, je vois bien que les décorations servent à quelque chose, à refuser une promotion pour marquer le coup, ou à renvoyer une Légion d'honneur quand le gouvernement se conduit mal, comme l'a fait Merleau-Ponty, grand philosophe, pour protester contre la torture en Algérie.

Éloge de l'illégalité

ABBÉ PIERRE : Le général de Gaulle a dit un jour que l'histoire était faite de longues périodes de discipline et de rares indisciplines illustres. Il faut savoir choisir le temps et le sujet de l'indiscipline. Quand nous construisions des logements sans permis et qu'on me menaçait de procès, je répliquais : « Poursuivez-moi ! Je mettrai ma soutane, mon écharpe de député, mes décorations de guerre et je déclarerai : il y une Loi avant les lois, la Loi absolue qui est la Loi des lois. » Pour venir en aide à un humain sans toit, sans pain, sans soins, il faut savoir braver les lois.

Il ne s'agit pas d'être inconscient ou léger, en général on doit respecter la loi. Mais toute loi est imparfaite et le législateur lui-même consacre son énergie à l'améliorer : la preuve qu'elle n'est pas intouchable. J'ajouterai que la loi n'est respectable que si elle inculque la notion de bonheur à vivre ensemble. C'est vrai pour les individus comme pour la société, on ne peut pas réussir son bonheur tout seul ; sinon, tôt ou tard, ça vous retombe sur le nez. En fait, il y a deux façons de violer la loi. Il y a ceux qui la violent par individualisme, égoïsme : là, le pouvoir doit veiller à ce qu'elle soit respectée. Et puis il y a ceux qui la violent en affirmant : la loi est en retard, elle est injuste. Ils la violent pour qu'elle se dépasse.

BERNARD KOUCHNER : Je suppose que tu as découvert l'illégalité pendant la guerre, dans la Résistance...

ABBÉ PIERRE : Oui, à partir du jour où j'ai accepté d'organiser des passages clandestins à la frontière. Cette photo sur le mur, c'est le glacier du Tour, à trois mille deux cents mètres, avec, à gauche sur l'autre versant, le glacier du Trient en Suisse. Et l'homme qui regarde en l'air, c'est Léon Balmat, l'un des grands guides de Chamonix qui a été mon premier guide pour ces passages.

BERNARD KOUCHNER : Tu as aussi fait des faux papiers ?

ABBÉ PIERRE : Bien sûr. C'est une bonne sœur de Sion qui m'a appris à imiter la signature du commissaire de police.

J'aimerais définir cette idée d'illégalité, c'est-à-dire le caractère sacré de la légalité et sa relativité. Dans toute société, il y a des manières d'être qui deviennent des règles, des lois. Mais telle loi, totalement justifiée quand elle est adoptée, peut – sous le coup d'événements imprévisibles – devenir radicalement illégale. Du moins en regard de ce que j'appelle la Loi des lois. A ce moment-là, on se soumet ou on se révolte. La légalité a tendance à établir et conserver l'ordre : que les pauvres restent pauvres et les bourgeois bourgeois.

Dès qu'on légifère, il faut savoir si le critère est : servir premier le plus souffrant, ou servir premier le plus fort. Quand j'entends certains évoquer la loi naturelle, cela me met en colère. Mais qu'est-ce que c'est, la loi naturelle ? C'est que le gros bouffe le petit.

Regardons la société la plus élémentaire, la famille. Si, dans la famille, les costauds, papa, maman, les grands frères, parce qu'ils sont les forts, entrent, sortent, claquent les portes, de jour, de nuit, à n'importe quelle heure, sans aucune attention au bébé, au malade ou au vieux grand-père qui va mourir, la vie est impossible.

La famille n'existe que si les forts conditionnent leur manière de se comporter en fonction des faibles, petits ou malades.

Personne ne pouvait à l'avance imaginer l'occupation allemande de 1940-1944. Mais la présence de l'armée hitlérienne, la personne du vieux Maréchal a tiré tout notre système légal du côté d'un faux ordre intolérable. Voilà pourquoi nous devions changer complètement le regard que nous portions sur la loi. L'illégal devenait légitime.

Après la guerre, avec des amis, il arrivait qu'on se dise : que c'est embêtant d'aller à la préfecture pour demander un papier, alors que ce serait si facile de le faire soi-même. On regrettait le temps de cette illégalité, cette satisfaction paradoxale : on était entouré de souffrances, on vivait dans la peur, mais il y avait la jubilation de faire ce qui ne se fait pas, – nous en avons déjà parlé.

L'illégalité, elle devient sacrée lorsque cette voix mystérieuse de la conscience qui est en chaque homme nous dit : pas ça ! Si l'événement est d'une telle nature que des innocents sont menacés de mort, la conscience peut réclamer que l'on tue le bourreau.

J'insiste sur la Résistance, parce que aujourd'hui beaucoup de gens ne comprennent pas ce que nous avons vécu. La Résistance, pour l'essentiel, ce n'était pas une organisation compétente, technique, héroïque parfois, dont les partisans faisaient sauter les trains. Cela ne concernait qu'une infime minorité. La vraie Résistance a été la foule, nous avons vécu à plus de deux mille dans le Vercors. Des réfractaires qui espéraient le débarquement pour dans deux mois, et il a fallu les faire attendre deux ans, leur expliquer : « Tu as envie d'aller faire sauter un camion dans la vallée du Rhône, si tu le fais tu en tireras une vive satisfaction, mais les Allemands massacreront le village d'à côté. Donc, tais-toi et patiente. » Imagine cette interminable coexistence dans un milieu fermé, sans distraction... Surgissait alors une inévitable moisissure : la suspicion. On voyait des traîtres partout. Car on savait bien qu'on pouvait être infiltré.

Tu as entendu parler du maquis des Glières. Son fondateur, To Morel, avait été mon second de patrouille aux Scouts. Un jour, on prend sur le fait un gars monté au maquis comme réfractaire au STO. Il avait un poste émetteur caché dans la forêt. Quotidiennement il transmettait des informations, c'était un milicien. En pleine guerre, trahison égale condamnation à mort, il n'était pas question de garder des prisonniers : les mettre où ? en faire quoi ? Mon ami To Morel a passé la nuit qui précédait l'exécution à parler avec le condamné, à le préparer à mourir. Il n'y avait pas d'aumônier. Je ne sais pas le détail : le milicien était-il croyant ou non ? Peut-être avait-il été entraîné du côté de l'ordre en pleine sincérité et bonne foi, persuadé qu'il faisait son devoir en trahissant le maquis? Le même To Morel a commandé le feu au petit matin. Il avait été confronté à une série de devoirs successifs auxquels il ne pouvait se soustraire. Bien sûr, pour Vichy, pour le pouvoir en place, tout était illégal. To Morel a appliqué par deux fois la Loi des lois : il ne pouvait pas laisser cet homme dans le désespoir, mais il fallait qu'il le tue.

De façon générale, si je devais résumer ma pensée, je citerais une vieille formule qui me plaît : « Excusez-moi, je n'y peux rien, j'aime mieux vivre illégalement que mourir légalement. »

BERNARD KOUCHNER : C'est exactement ce que je pense. J'ai préféré soigner illégalement que de laisser mourir légalement.

ABBÉ PIERRE : Tu n'as jamais beaucoup respecté les frontières, dès le Biafra...

BERNARD KOUCHNER : J'avais commencé jeune. L'illégalisme, ce n'est pas l'illégalité, c'est une vraie doctrine. Pour avoir fréquenté l'illégalité, j'ai bâti mes deux associations, Médecins sans frontières et Médecins du Monde, sur l'illégalisme.

Mes premières activités politiques étaient très illégales, il s'agissait de crier « Paix en Algérie ! » puis « Algérie algérienne » dans les rues. Cela consistait tout simplement à mettre en cause l'indivisibilité de la République, donc la loi et l'ordre, puisque l'Algérie était française. Le FLN était illégal, les manifestations pour l'indépendance interdites. La seule limite que je n'ai pas franchie, c'est l'aide directe au FLN, les vrais réseaux, Jeanson, Curiel et les autres, où sont passés un certain nombre de mes camarades, et d'ailleurs un curé, l'abbé Davezies, prêtre de la Mission de France. Pour moi, même en considérant la torture, les massacres accomplis en Algérie par l'armée de notre pays, on ne pouvait pas aider à tirer sur des soldats français, sur le contingent, ces centaines de milliers d'appelés qui étaient des types comme moi.

Mais j'ai eu des contacts avec les réseaux pour faire évader des gens et en protéger d'autres. Nous avons passé quelques nuits dans les fossés de Fresnes pour compter les rondes de police et monter des plans. Soyons honnêtes, ces actions portaient en elles-mêmes leur récompense et pas celle qu'on croit : je me souviens d'une nuit de guet, derrière le talus, avec une fille très belle, et de la journée formidable que j'ai ensuite vécue dans sa chambre. Je ne sais pas si ça a été très utile pour la paix en Algérie, mais ça a été très agréable pour moi.

Illégalisme encore : en même temps je militais aux Etudiants communistes. Quoi de plus illégaliste qu'un parti révolutionnaire qui veut changer toutes les lois ? Mais nous n'étions pas en accord avec la règle du communisme, nous étions révoltés, anticommunistes et antistaliniens dans une association communiste, illégalisme dans l'illégalisme. On ne pouvait pas être plus duplice et pervers. A l'époque, personne n'a rien compris à cette confusion des sentiments, sauf le Parti communiste lui-même qui, avec une brutale lucidité, nous a chassés comme des traîtres. Nous étions des dissidents au sens fort, c'est-à-dire hostiles à la doctrine, à la pratique et à l'esthétique. Chez les dirigeants des étudiants, nous n'étions que trois à avoir refusé l'inscription au Parti communiste lui-même.

Ensuite, tu connais l'histoire : ne pas respecter les frontières, ne pas accepter le serment du silence, les médecins du Biafra contre la légalité de la Croix-Rouge, Médecins du Monde contre le nouveau conformisme de Médecins sans frontières. Le bateau pour le Viêt-nam, c'était illégal. On ne devait pas repêcher les gens en mer de Chine en termes de droit international. Des Vietnamiens se noyant en mer restaient encore des Vietnamiens : ils dépendaient de leur gouvernement, pas de nous. On nous disait : vous ne pouvez pas sauver ces gens, vous n'avez pas le droit. Cette critique, conservatisme de la pensée et de l'action, était assassine et médiocre. Mais il est extraordinaire et formidablement encourageant que ce comble de l'illégalisme que nous avons pratiqué se soit transformé peu à peu en loi internationale, en droit d'assistance, en résolution des Nations unies.

Le moteur du changement, comme tu l'as dit, c'est toujours l'illégalité, ou du moins l'illégalisme en tant que refus de la loi injuste. J'aime la phrase de Michel Foucault : « Etre un intellectuel, c'est entreprendre à chaque instant de penser différemment de ce que l'on pensait avant. » On doit d'abord nourrir une illégalité par rapport à soi-même, ne pas se satisfaire de ce que l'on a cru, – car cela n'est jamais vrai longtemps. Oui, il y a des permanences, des lignes de force : celles-là sont avant tout morales. Si je prends ton vocabulaire, je dirai encore que seule la Loi des lois ne change pas, et encore.

Attention : lorsque dans l'illégalité on crée un groupe, on reforge vite une loi et un conformisme. Je me souviens d'André Breton, dans cette phrase qui sonne pour moi comme un credo de notre siècle : « Aujourd'hui, comme à l'heure de ma jeunesse, je me vois dans l'obligation de me prononcer contre tout conformisme. Et de viser, en disant cela, le très certain conformisme surréaliste aussi. » Remplace surréaliste par humanitaire et le tour est joué!

Quand je suis entré au gouvernement, certains ont cru que je me rangeais sous la bannière des vieilles lois. Qu'ils se rassurent. D'une certaine façon, j'ai été illégitime au gouvernement pendant cinq ans. Tout ce que j'ai fait d'important à mes yeux, je l'ai fait contre les caciques, aux marges, de l'autre côté, en deçà des règles, au-delà. Souvent avec l'appui de François Mitterrand, toujours avec celui de Michel Rocard. Sauf quelques amis très rares, tout le monde me prenait pour un rigolo, un agitateur, un type qui ne respectait pas les règles et qu'il fallait surveiller et encadrer. Je n'étais pas du club, on ne m'invitait pas à dîner, je ne les voyais jamais. J'étais vécu comme un corps étranger et je suscitais des anticorps. Je les voyais dans leurs yeux, ces anticorps.

Chacun doit se critiquer en permanence, revoir ses certitudes antérieures, celles de la minute qui précède, celles de la journée qui précède, celles de l'année qui a précédé : n'être sûr de rien. Au bout du compte, il n'y a pas non plus de garantie pour l'action humanitaire. Je suis certain de la morale qui y préside, de la méthode que nous avons découverte, mais pas des missions prises une à une. Ni de demain.

J'ai fait voter des lois, une loi sur la bioéthique – c'est la morale –, sur le médicament – c'est la santé publique –, j'ai rêvé d'une loi sur le risque thérapeutique – la responsabilité, c'est encore la morale. Au fond, je pense qu'il faut des lois pour pouvoir les transgresser. Les juristes sont toujours en retard d'un train, on doit les pousser pour qu'ils courent et rattrapent la réalité. J'admire des juristes comme Mario Bettati, ceux qui sont en avance dans la formation du droit, dans la philosophie du droit. Sinon, il ne faut pas trop compter sur la loi.

Certes, il y a des législations pour protéger, la démocratie est fondée sur la loi, le code électoral, le pluripartisme, mais à l'origine je ne reconnais que deux exigences : celle de la morale et de l'écoute de l'autre. Voilà pourquoi il faut bâtir la société en transformant sans cesse les codes et les règles, mais donner aussi à ces règles une forme impérative – et transitive –, puisque les hommes qui sont peu sensibles à la morale le sont à la loi. Ils craignent la répression et respectent la police.

Hier, dans un colloque, quelques querelleurs professionnels se posaient les éternelles questions bêtasses et fades : doit-on ou non respecter les différences des cultures, les traditions étrangères, c'est-à-dire parfois des lois d'autant plus cruelles qu'elles sont immémoriales. J'en ai assez des fadaises sur fond d'anticolonialisme dépassé. Personne ne veut coloniser la Somalie. Mais on ne supporte pas que les enfants y meurent, alors on intervient. Et les enfants ne meurent plus. Demander leur avis aux victimes, cela seul compte ! Le reste est bêtise. Mourir de faim, pour un enfant noir africain, c'est quoi ? La coutume, une approche de l'ethnologie, une fatalité historique ou le temps nécessaire pour accéder à la démocratie blanche ? Qu'est-ce qu'on croit ? Que les femmes ont moins mal quand on leur fout un poing sur la gueule, si ce poing est musulman ou bouddhiste ? Qu'est-ce que la culture, en regard de l'excision du clitoris ? Ce n'est pas une torture ? Simplement, les filles ne peuvent pas hurler, si elles hurlaient, les hommes leur casseraient la figure, c'est tout! Tu crois qu'elles n'aiment pas le plaisir? L'excision, c'est la loi? Quelle loi? Là, comme toi, je n'en connais qu'une: la loi morale, mon père!

ABBÉ PIERRE: Et ceci est contre toute loi morale.

A l'appel des victimes

ABBÉ PIERRE : L'autre jour, sur un ton sérieux, tu as dit : « On n'a pas vraiment compris ce que j'ai fait. » Moi, j'avais cru comprendre. Je me trompe peut-être...

BERNARD KOUCHNER : L'humanitaire fait maintenant partie de la vie quotidienne et de la vie politique des Français. On a oublié qu'il a fallu batailler, on ne se souvient pas qu'il n'en a pas toujours été ainsi. Le succès est tel qu'il semble aller de soi. En cinquante ans de République, on a vu la création de trois vrais ministères nouveaux : la Culture, l'Environnement et enfin l'Action humanitaire, l'esprit, la terre, les hommes. Dans le gouvernement d'Edouard Balladur on n'a pas pu faire autrement que de reconduire ce ministère dont personne, il y a cinq ans, sous Michel Rocard, ne donnait cher. A en juger d'ailleurs par les tristes propos inauguraux du nouveau ministre en charge, certains ne comprennent toujours pas de quoi il s'agit.

Alejo Carpentier dit : « L'homme souffre et espère et travaille pour des gens qu'il ne connaîtra jamais »... C'est pourtant simple : l'humanitaire tente de prévenir les guerres.

Il y a deux étapes dans cette affaire.

D'abord on a cru que je m'étais rangé du côté des Petites Sœurs des Pauvres, ensuite que j'étais un arriviste politique. A-t-on compris que je m'efforçais d'établir un pont entre deux manières de penser, deux comportements jusque-là antinomiques ? D'un côté, la pensée chrétienne traditionnelle, la main tendue à tous les miséreux, un par un. De l'autre, une pratique politique inspirée par la gauche, l'exact contraire : ces militants méprisaient les croyants qui donnaient à la sortie de la messe. Faire la charité, pour un « homme de gauche », c'était refuser de changer la vie, renoncer à la révolution, ne pas chercher à prendre le pouvoir au nom de la justice. Politiquement, ce n'était pas bien d'aider les pauvres : il fallait d'abord jeter bas la vieille société et en reconstruire une autre.

ABBÉ PIERRE : Oui, souvent la politique ne comprend pas la notion d'urgence.

BERNARD KOUCHNER : Dans mon milieu de bourgeois d'extrême gauche, j'avais appris que la charité représentait le contraire de la justice, et qu'il ne faut pas donner aux mendiants. En déposant une pièce dans la sébile, on acceptait le capitalisme et sa misère; une société socialiste n'aurait plus de mendiants. Souviens-toi, dans les années cinquante, la grande satisfaction des communistes français lors de leurs voyages encadrés, c'était de découvrir qu'à Moscou il n'y avait pas de mendiants. On les avait tués ou ils étaient au goulag, qu'importe, on ne voulait pas le savoir : en URSS personne ne demandait la charité.

Je me suis écarté du communisme dès 1965, avec déjà de vifs sentiments anticommunistes. Et si j'y ai trempé sans jamais être en carte, c'est que l'Union des étudiants communistes apparaissait comme le seul endroit sérieux pour un militant anticolonialiste. Théoriquement, le communisme, c'était pour faire le bonheur des autres, une formidable ingérence, une générosité de principe. Dans la réalité, j'ai vite compris que cela faisait le malheur des hommes. Cependant, je croyais toujours qu'il fallait établir une société moins inégalitaire, et se sentir comptable de ce qui se passait à l'autre bout du monde.

J'ai été élevé dans un certain internationalisme. Il y avait un message universel du communisme, sinon de la gauche, à mon avis plus fort que celui d'une Eglise terriblement nationale et nationaliste.

ABBÉ PIERRE : De l'Eglise constantinienne, sûrement. Pas plus fort que celui de l'Evangile, ça non!

BERNARD KOUCHNER : Bref, s'il se passait quelque chose au Congo, on avait immédiatement un sentiment. Un sentiment faux, on disait des sottises sur la lutte des classes. Mais on réagissait. Ce que le communisme n'a pas fait, ce qu'il a promis, ce qu'il a défait, ce qu'il a bafoué dans une dictature immonde et magnifiée, tout cela s'est changé en moi en une préoccupation pour les autres. L'appropriation collective du mode de production, ça ne m'a jamais intéressé sérieusement, mais depuis l'enfance j'ai cru que tous les hommes devaient avoir les mêmes chances dans la vie, les grands, les petits, les cons, les malins, les beaux, les laids, les noirs, les blancs, les victimes. Voilà.

En fait, nous n'avions qu'une seule idée, une idée de jeunesse, un engagement de générosité : l'antifascisme. Pourquoi l'antifascisme ? Parce que le fascisme est une idéologie de mort. Le fascisme, ça tue les gens, et moi je ne veux pas qu'on tue les gens.

Mon regret, celui d'un grand nombre de jeunes gens exaltés de ma génération, qui ne fut pas la pire, reste de n'avoir pas participé à la guerre d'Espagne. Je me souviens par cœur de pages entières de l'André Malraux de *L'Espoir* : son plus beau roman. N'avait-il pas, lui aussi, sans excessive croyance mais frotté de communisme, joint le geste à la parole ?

Là-dessus, j'ai découvert que malgré leur antifascisme les communistes participaient d'une idéologie qui tuait tout autant. Pas de chance ! Dès que j'ai compris ça, je me suis révolté. Ce fut une superbe réjouissance : tous ces garçons, et ces filles qui se permettaient d'être belles, lancés en pleine conscience, et de l'intérieur, à l'assaut de la maison communiste ! Ils perdirent, bien sûr. Beaucoup ne se remirent pas de tant d'espérance déçue, mais ils ne trahirent jamais.

Donc, j'avais commencé de comprendre qu'il fallait assister les victimes au début des années soixante. Il faut protéger les hommes, partout, et ça n'a rien à voir avec leurs croyances et leurs proclamations.

A vingt ans, en pleine guerre d'Algérie, je pensais que les Français ne devaient pas massacrer et torturer les Algériens. J'ai été fidèle à l'idéal de mes vingt ans : je ne veux toujours pas qu'on massacre les Algériens. La seule différence, c'est qu'aujourd'hui – et depuis longtemps – ce sont des Algériens qui tuent et torturent des Algériens. Comment arrêter cet engrenage : l'armée française poursuivait le FLN, ratissait, fusillait, passait les militants à la gégène et enfermait deux millions de personnes dans des camps, le FLN vainqueur a ensuite écrasé le peuple algérien, aujourd'hui l'armée algérienne terrorise les islamistes, lesquels à leur tour, s'ils parviennent au pouvoir, rempliront les camps et les prisons. Je veux un système qui me permette de dire : ce n'est pas parce que vous êtes Algériens que je n'ai pas le droit de vous en empêcher.

Voilà l'idée qui a tout changé. Toi seul peux la comprendre, toi qui fus si politique, toi dont le père coupait les cheveux des pauvres : mêler la générosité chrétienne, individuelle, sans autres perspectives que la bonté de l'âme et le salut, à une pratique politique héritée de la gauche. J'ajoutais à ce que j'ai appris des catholiques l'esprit militant, une stratégie politique, le goût de l'action, un zeste de théorie. Des gens marqués par la droite, avec qui je travaillais, ont cru que je faisais de l'entrisme. A l'inverse, mes camarades de gauche ont pensé que j'abandonnais le combat pour une charité sans horizon. Dans les deux cas, une belle erreur !

Je me suis retrouvé au Biafra, à l'été 1968, avec quelques médecins dont Max Récamier, pour soigner des populations qui sombraient malgré leur courage dans la famine et sous les bombes. J'étais parti avec la Croix-Rouge et de bons chrétiens actifs qui avaient horreur des gauchistes, et j'étais un gauchiste pour eux. J'ai mis mon idéologie dans ma poche, eux ne me parlaient guère de leur foi. En fait, je savais très bien où j'allais même si j'ignorais tout des étapes comme du chemin. J'ai été manipulateur au sens intellectuel du terme, j'ai entraîné des hommes et des femmes qui ne discernaient pas les perspectives, mais dont l'engagement était total et la disponibilité entière. Eux, ils restaient dans leur pensée chrétienne, qui m'allait très bien et qu'on pourrait définir ainsi : « J'aide mon prochain. Je ne me pose pas de questions sur l'homme, car c'est à Dieu de se poser des questions sur l'homme. J'aide mon prochain sans chercher à savoir s'il est bon ou mauvais, comme l'Evangile me l'a prescrit. »

J'écoutais, j'apprenais, mais je gardais mon mouvement profond : et si, au-delà des soins, on pouvait empêcher ces hommes d'être blessés ou tués?

Ça, c'était de la politique.

Mes amis ne comprenaient pas ce langage, ils ne comprenaient pas que j'étais là à risquer ma vie avec eux, pour la compassion, pour l'efficacité, oui, pour le plaisir de l'action, certes, je ne le renie pas, mais pour autre chose aussi qui était plus grand que nous. Qu'est-ce qu'ils croyaient? Que j'avais le gène de l'aventure, du dépassement de soi, un chagrin d'amour, une pulsion plus virile que celle des autres, puisque je n'étais pas chrétien?

La politique était réservée aux politiciens, la charité aux charitables.

Il faut se souvenir de l'action humanitaire à cette époque. La Croix-Rouge apportait une aide indispensable, mais elle ne le faisait qu'avec la permission des gouvernements. En somme : « Encore une minute, Monsieur le bourreau! » Et moi, il me venait en mémoire l'image des grands massacres.

Quand j'ai vu le Biafra, je me suis dit : « Toutes proportions gardées et sans l'effroyable décision d'éradication scientifique d'un peuple, Auschwitz devait être comme ça : une boucherie, sans aucun sursaut de la conscience mondiale. » Il faut parler, empêcher cela, ici et partout ailleurs dans le monde.

Mais nous avions prêté le serment de silence qu'exigeait la Croix-Rouge : soigner et ne pas révéler ce qu'on a vu. En ouvrant la bouche, en signant un article, on sortait des barrières.

« Ah, monsieur, vous êtes à la Croix-Rouge, vous n'avez pas le droit de témoigner. Vous êtes dans l'humanitaire, vous n'avez pas le droit de faire de la politique. »

Je n'ai pas pu supporter cet enfermement de la pensée et de l'action, le genre « puisque vous êtes habillé en rouge vous n'avez pas le droit de mettre une veste bleue ». Avec Max Récamier, que je piégeais amicalement ainsi, que je contraignais à me suivre pour la bonne cause, j'ai publié dans *Le Monde* mon premier article sur le Biafra, je n'ai pas tenu le serment du silence, j'ai brisé les règles du jeu.

ABBÉ PIERRE : Tu n'étais pas parjure, tu as obéi à la Loi des lois. Nous sommes d'accord là-dessus.

BERNARD KOUCHNER : A bien réfléchir, dans une vie, on est l'homme d'une seule idée, une idée simple et claire, et d'une obstination. Toi, tu as été l'homme d'un devoir d'initiative, envers et chez les pauvres. Je suis, à ma mesure, l'homme du devoir d'ingérence. Ce n'est pas très différent et à la réflexion, ici et là-bas, le prochain et le lointain, ces activités m'apparaissent forcément complémentaires.

Quand nous avons créé Médecins sans frontières en 1971, j'ai pensé : un jour MSF aura un rayonnement universel.

Notre idée fut et demeure le message de la France des droits de l'homme.

Dommage, le succès a obscurci la vision planétaire. A l'usage, MSF a installé une grande entreprise supplémentaire de charité, plus performante, certes, et d'autant plus arrogante qu'elle est performante, propriétaire d'une vérité qui lui échappe. Tant pis : ils n'ont pas compris, ils font de l'humanitaire un métier efficace, ce qui est un bien mais non un idéal.

On ne s'est jamais rendu compte que la nouvelle pensée humanitaire était une pensée universelle. Pardon, c'est prétentieux de dire ça. Mais si je ne te le dis pas à toi, à qui le dirais-je? La différence des cultures et des civilisations, l'existence des nations ne doit pas être un prétexte pour accepter l'oppression. J'ai reconnu partout les mêmes douleurs, les mêmes angoisses, la même intelligence, la même bêtise, la même ignominie chez les hommes de tous les continents. Dans mon idée, de l'action humanitaire individuelle au droit d'ingérence peu à peu balbutié par les Nations Unies, la trace est droite. Au-delà du carré des quelques médecins qui m'ont accompagné tout au long, personne ne l'a deviné ou théorisé chez les intellectuels français, hors André Glucksmann le philosophe et Mario Bettati le juriste, et toi, Michel-Antoine Burnier, mon vieux copain qui nous écoutes en ce moment.

Qu'est-ce que l'humanitaire dans sa définition première? L'exercice d'un droit mesuré pendant les guerres, l'appendice guerrier du droit international, en réalité l'adoucissement de la guerre, la médicalisation des souffrances, l'assistance aux civils. Pour être brutal, je dirais que l'humanitaire traditionnel accepte et même a besoin de la guerre.

Mais pourquoi ne pas contenir les conflits, lutter pour les limiter, voire les empêcher?

La voilà, l'idée révolutionnaire : que les droits de l'homme, et non pas les Etats, régissent le monde. Certes, tous les Etats ont signé la déclaration universelle des Droits de l'homme, tous les Etats sont censés avoir renoncé à la torture et à l'oppression des minorités, et nous savons bien que pour la moitié d'entre eux, peut-être davantage, ils ne respectent pas ce paraphe solennel. Pour les y contraindre peu à peu, il faut une intervention de la communauté internationale, une répression éventuelle, un outil : c'est le droit d'ingérence. Cela exige une sorte de tribunal au-dessus des Etats, qui ne peut procéder que de l'ONU, et qui ne peut se faire respecter que par la contrainte, parfois même la force armée.

ABBÉ PIERRE : Si j'avais été officier et qu'on m'ait dit d'emmener les Casques bleus en ex-Yougoslavie, j'aurais refusé! C'est une mauvaise plaisanterie de dire « Vous allez mettre des casques bleus, vous aurez les mains nues et vous aurez pour très importante mission de veiller au respect du cessez-le-feu. » Tout le monde sait que même ceux qui le signent ne sont pas prêts à le respecter, qu'il n'y a pas seulement les armées en présence mais toute cette anarchie, ces fusils entre les mains de gamins grisés, et qu'on est bon, dans ces conditions, pour se faire tirer comme des lapins.

BERNARD KOUCHNER : Dans un pays civilisé, le droit d'ingérence existe déjà, il régit la vie quotidienne. Si ton voisin cogne sur son gosse, tu as le devoir d'appeler la police, et la police a le droit d'intervenir, tu as même le droit d'enfoncer la porte.

ABBÉ PIERRE : Tu as le devoir d'enfoncer la porte, si tu es assez costaud pour affronter la brute.

BERNARD KOUCHNER : Le délit de non-assistance à personne en danger est punissable. Pourquoi les Etats auraient-ils le droit de massacrer leur propre peuple ou d'envahir leur voisin? Je connais bien la réponse des dictatures qui se retournent contre nous, l'Occident, l'ancien colonisateur : « Vous nous avez jadis massacrés, donc vous n'allez pas nous empêcher de le faire nous-mêmes. » Argument irrecevable.

Pour moi, en ces matières, il n'y a que les victimes qui ont le droit à la parole. Et j'en ai rarement vu qui n'appellent pas à l'aide.

Je savais qu'un jour, l'idée humanitaire ayant germé, il faudrait bien remuer les Etats. Comment les influence-t-on le mieux? De l'extérieur ou de l'intérieur? Les deux, bien sûr. On peut aller et venir: hors du gouvernement, dans le gouvernement, c'est la même pensée. Seule la politique peut changer l'ordre du monde, si elle se fonde sur une morale.

Quand je suis devenu secrétaire d'Etat dans le gouvernement Rocard, sur la suggestion de François Mitterrand, des amis se sont indignés : « Ah! c'est ça! c'est pas beau! On croyait que tu faisais le bien, pour le geste et pour les autres, et voilà que maintenant tu fais de la politique! » Ils ont pensé que j'entrais en arrivisme, que j'allais toucher une récompense sur leur dos. Là, on m'a encore moins compris. Au Biafra, au Liban, je faisais déjà de la politique, et en mer de Chine pour repêcher les boat-people : une nouvelle politique, certes, mais de la politique quand même.

A sa création, le secrétariat d'Etat à l'Action humanitaire avait un petit budget, bien inférieur à celui de Médecins du Monde, mais il nous donnait le moyen de toucher et d'émouvoir les gouvernements de la Communauté européenne, et surtout d'accéder aux Nations unies, notre espoir.

Une remarque cependant. J'ai toujours dit qu'un ministère des Droits de l'homme était une contradiction dans les termes, une imposture. Pour cela, j'ai critiqué l'existence d'un maroquin de ce genre dans le gouvernement de cohabitation de Jacques Chirac, en 1986, et je regrette que l'on ait confondu Action humanitaire et Droits de l'homme dans le gouvernement d'Edouard Balladur au printemps 1993. C'était hélas trop tôt, même si c'est l'avenir. Les droits de l'homme se définissent comme une contestation permanente de l'action politicienne et de la raison d'Etat. J'aurais été ministre des Droits de l'homme, je n'aurais pas tenu quinze jours. Déjà, là où j'étais, à l'Action humanitaire et à la Santé, j'ai eu quelques phrases qui ont fait scandale. Ainsi j'ai traité Mobutu de « coffre-fort ambulant coiffé d'un bonnet de léopard ». J'ai reçu tous les dissidents, des Lituaniens aux Albanais, avant qu'ils ne deviennent présidents, j'ai critiqué notre politique en Bosnie, au Rwanda et ailleurs. Ça n'a pas été apprécié.

ABBÉ PIERRE : Un jour, le bon Mgr Gaillot, qui est toujours à la limite de l'indiscipline, me dit, alors qu'on mangeait un sandwich dans une assemblée des anciens de la Jeunesse ouvrière chrétienne : « Mon père, expliquez-moi. Vous en faites dix fois plus que moi et on vous laisse tranquille. Moi, je ne peux pas lever le petit doigt sans qu'on me tape dessus. » J'ai réfléchi et je lui ai répondu : « D'abord je ne suis pas évêque, ensuite le Bon Dieu m'a donné le sens des insolences efficaces. » Au-delà de la mesure, on se fait plaisir, mais plus rien n'avance.

BERNARD KOUCHNER : Cette politique de l'humanitaire, qui est une part de la vraie politique d'aujourd'hui, n'est pas l'alibi d'une diplomatie cynique et classique – comme le disent les esprits pervers – mais une autre manière de faire de la diplomatie. L'alibi humanitaire ! Vraiment, je m'indigne quand j'entends ces mots, quand je lis ce titre dans un grand journal d'ordinaire plus humaniste et plus intelligent. Critique insupportable, galéjade de touristes dans les malheurs du monde.

Sous prétexte qu'on ne peut arrêter une guerre, il ne faudrait ni nourrir les assiégés ni partager ne serait-ce que quelques jours leur drame, montrer qu'on ne les oublie pas ? Alibi humanitaire ! Comme si nous jetions un voile sur les souffrances, comme si nous étions la bonne conscience de l'horreur. En fait, patiemment, difficilement, nous avons inventé un engrenage humanitaire jusque dans la situation la plus impossible, celle de l'ancienne Yougoslavie. L'ouverture des corridors, les convois qui parviennent tout de même jusqu'aux affamés. Peu à peu, l'autorisation de tirer pour se défendre que nous exigeons pour les Casques bleus. L'interdiction du survol de la Bosnie dans un premier temps, et la nouvelle résolution du Conseil de sécurité des Nations unies qui en exige le respect au besoin par la force.

Sans humanitaire, la Croatie, la Bosnie auraient été abandonnées à leur sort et à la violence absolue : des centaines de milliers de morts.

En 1912, l'Europe a laissé faire et s'est détournée de la guerre et des massacres au même endroit, dans les Balkans, quitte, deux ans plus tard, à plonger tout entière dans une guerre mondiale. Certes, nous sommes désarmés, la communauté internationale manque d'une volonté affirmée, mais le dernier espoir naîtra de notre vigilance.

Regarde le chemin parcouru depuis vingt ans.

En 1987, dans un colloque organisé à Paris avec Mario Bettati, doyen de Paris-Sud, des médecins, des intellectuels, des hommes politiques, nous avons défini le « devoir d'ingérence », c'est-à-dire très simplement le droit d'intervenir, malgré les frontières et malgré les Etats, si des hommes souffrants appelaient à l'aide. François Mitterrand, président de la République, Jacques Chirac, alors Premier ministre ont approuvé et salué la démarche.

ABBÉ PIERRE : J'ignorais tout de ce colloque. C'est passionnant.

BERNARD KOUCHNER : C'est ainsi qu'à l'initiative de la France, moins de deux ans plus tard, le 8 décembre 1988, l'Assemblée générale des Nations unies a voté la fameuse résolution 43/131 sur « le nouvel ordre humanitaire mondial ». Celle-ci consacrait le rôle des organisations non gouvernementales aux côtés des Etats et la nécessité d'un libre accès aux victimes « en cas de catastrophes naturelles ou de situations d'urgence du même ordre ». « Situations d'urgence du même ordre » : l'expression était bien pudique et diplomatique, mais chacun savait qu'au fond cela voulait dire : en cas de guerre.

Le lendemain de cette résolution, la sécurité civile française part en Arménie soviétique ravagée par un tremblement de terre. Cette fois on franchissait légalement les frontières, et la plus fermée d'entre elles : le rideau de fer. Les victimes existaient en tant que telles aux yeux de la communauté internationale, elles n'appartenaient plus seulement à leur propre gouvernement, qui perdait le pouvoir de parler à leur place.

Jusque-là, en droit, qui appelait au secours ? Les Etats. Qui donnait l'autorisation d'intervenir ? Les Etats. Qui autorisait l'accès aux souffrants, aux malheureux ? Les gouvernements. Ils étaient les ventriloques de la plainte des peuples. Mais une fois que le mot victime était inscrit dans une résolution des Nations unies, cela voulait dire que la plainte d'un homme revêtait une identité internationale et juridique. Avec la résolution 43/131, on dépassait enfin les Conventions de Genève et leurs protocoles additionnels. On pouvait s'occuper des guerres civiles, c'est-à-dire des vrais problèmes : comme autrefois ceux du Biafra, en termes juridiques les conflits de la Somalie, de l'ancienne Yougoslavie ou du Kurdistān irakien ou d'Asie centrale sont à un titre ou à un autre des guerres nationales et des guerres civiles à la fois.

Vint ensuite, le 14 décembre 1990, une nouvelle résolution de l'Assemblée générale des Nations unies, n° 45/100, sur l'assistance humanitaire. Elle consacre la nécessité des « couloirs d'urgence » pour permettre l'acheminement de l'aide. Véritables corridors humanitaires. Voilà comment un an plus tard, en Croatie, des bateaux français et un italien... vingt-sept au total, se succéderont pour forcer le blocus de Dubrovnik assiégée, sous le chapeau de l'Unicef grâce à Stephan de Mistoura, de l'Unesco grâce à Federico Major, et de l'Action humanitaire française. Et Dubrovnik, affreusement bombardée, à deux cents mètres des premières lignes serbes, ne fut pas prise. Démonstration a contrario : la ville de Vukovar, assiégée elle aussi, bombardée elle aussi, n'a pas pu bénéficier suffisamment de l'action humanitaire. Vukovar est tombée entre les mains des Serbes, elle a été pillée, presque entièrement détruite, et ses habitants chassés comme un troupeau dans le cadre de la « purification ethnique ».

Et n'oublions pas qu'en 1991 l'ONU a protégé le peuple kurde contre l'armée de Saddam Hussein. Vingt et un mille soldats de la force multinationale ont participé à l'opération, dont quatre mille Français. Cinq cent mille réfugiés ont été assistés dans une zone d'exclusion militaire : résolution 688 que la France a rédigée.

Et même Sarajevo, la martyre. Souvenons-nous qu'avant cet hiver les experts de l'ONU prévoyaient de cinquante mille à cent mille morts de froid et de faim. Dans la réalité, il y a eu des dizaines de morts, pas des milliers.

ABBÉ PIERRE : Chez nous en France, il y a aussi eu des morts de froid cet hiver-là.

Bernard Kouchner : Oui, c'est vrai.

Abbé Pierre : Je dis qu'on aurait pu éviter plusieurs de ces morts si on avait fait pour ces sans-logis de la misère ce que l'on sait faire pour les sans-logis de la guerre.

Bernard Kouchner : Bien sûr, mais une fois de plus on a refusé de prévoir. Action préventive, diplomatie préventive, je ne pense qu'à ça! A Sarajevo chaque semaine les Casques bleus ont livré six mille cinq cents tonnes de nourriture. Merci, Philippe Morillon, pour votre « ingérence »! C'est insuffisant pour arrêter la guerre, ça ne permet pas de faire lever le siège, mais faudrait-il pour autant arrêter l'aide? Simone Veil l'a affirmé : « Même à Auschwitz, il aurait fallu de l'humanitaire. » Je n'admets pas que l'on critique l'aide sous prétexte qu'elle n'est pas toute-puissante. Il n'y a que les victimes qui pourraient demander l'arrêt des convois, et, on le voit tous les jours, les victimes continuent à crier au secours. Je sais, bien sûr, que l'évolution est trop lente. Je suis prêt à le crier avec les impatients et les sincères, pas avec les hypocrites et les défenseurs des droits humanitaires acquis!

Je peux continuer : malgré les difficultés et les échecs, nous avançons tous les jours, en Somalie et ailleurs.

J'ai toujours fait un rêve : que les soldats se battent pour autre chose que la guerre. Aujourd'hui, il y a déjà des milliers de soldats de la paix dans le monde, au cœur de l'Europe, en Asie, en Afrique.

J'ai toujours fait un rêve : que l'on arrête le bras des dictateurs et des bourreaux avant qu'ils ne frappent leur propre peuple ou n'envahissent leur voisin. Aujourd'hui un nouveau droit international se construit peu à peu. Diplomatie préventive : il s'agit d'empêcher les guerres, d'intervenir à la veille des conflits, car il est tellement plus facile d'empêcher les hommes de se battre que de les séparer en plein combat. Le secrétaire général des Nations unies, M. Boutros Boutros-Ghali, en parle timidement dans un rapport intitulé *Un agenda pour la paix*. Mais le pape acclame le droit d'ingérence, le dalaï-lama le réclame, les présidents François Mitterrand, Vaclav Havel, Diouf du Sénégal, Soglo du Bénin en affirment l'urgence.

Un jour il faudra que l'ONU constitue une force militaire permanente, capable d'intervenir pour prévenir les conflits ou les éteindre. Il faudrait pour cela un vrai débat politique mondial, et que le dixième du budget des armées nationales soit affecté aux Nations unies. Ce sera mon prochain combat. La gauche en France, et les intellectuels eux-mêmes ne m'y aident pas beaucoup!

ABBÉ PIERRE : Une armée de l'ONU, tout à fait d'accord. Mais sommes-nous sûrs qu'elle suffira à éviter la guerre que tes enfants auront à affronter, celle d'une armée d'affamés, celles des pauvres contre les riches?

BERNARD KOUCHNER : Je reste pessimiste. Bien sûr, cette guerre, ou ces guerres auront lieu. Elles seront perdues par les peuples pauvres, à moins qu'ils ne possèdent l'arme atomique, et encore. Nous entrons dans une époque cruelle et difficile. Nous traverserons, j'en suis convaincu, des conflits terribles, militaires ou simplement économiques, avec des famines dans les pays pauvres, le chômage chez les plus riches, de grandes masses ballottées qui s'abandonneront à des comportements extrêmes.

D'une façon générale, peut-on aujourd'hui empêcher la guerre? Je ne le crois pas mais on doit essayer. Parfois cela marchera, tu verras!

La grande utopie, ce n'est pas l'avenir, c'est le passé. La bataille pour le territoire qu'on a perdu, pour le territoire qu'on n'a jamais eu mais qu'on désire, on voit ça tous les jours dans l'ancienne Yougoslavie. A ce propos, je pense, comme toi, abbé Pierre, qu'on ne peut pas parler simplement de guerres civiles. Il s'agit plutôt de nations qui se forment ou se reforment.

Quand tu penses que les anciennes conquêtes turques en Bosnie-Herzégovine, il y a quatre siècles, ont laissé pareilles traces, et que cette affreuse « purification ethnique » n'a rien d'ethnique : c'est la même race, les mêmes gens, les musulmans ne sont pas très musulmans, les orthodoxes plutôt irreligieux, et ils s'entre-tuent pour un souvenir, pour une mosquée ou une église où ils se rendaient à peine dix fois dans leur vie.

Peut-on empêcher le massacre des minorités? Voilà la grande idée.

Peut-on construire un sytème d'assurance antipogromes? Inconcevable depuis six mille ans. Désormais, c'est peut-être possible. Avancée décisive. Aujourd'hui, nous avons secoué le mécanisme de la souveraineté d'Etat : l'éloignement des souffrances, la séparation des souffrances, cela n'a plus lieu d'être. C'est tout à fait nouveau, et cette idée va bouleverser le monde plus vite qu'on ne croit.

Quel progrès ! Prends la guerre d'Espagne en 1936. Les plus militants, Malraux en tête, s'engageaient du côté républicain contre les franquistes. Très bien. Mais chacun choisissait son camp. Si l'on aidait l'Espagne républicaine, on aidait les communistes, et les communistes massacraient les anarchistes du POUM, qui eux-mêmes se battaient contre les socialistes. On se tirait dessus à l'intérieur de chaque camp.

Maintenant, on voudrait empêcher la guerre chez les autres. Dans l'ancienne Yougoslavie, il ne s'agit pas d'assister les malheureux pour les laisser mourir plus gros. Il s'agit d'une stratégie d'approche du mal. Simplement, nous disons aux Serbes et aux Bosniaques : « Vous allez vous entre-déchirer. Arrêtez pour l'instant, vous pourrez toujours le faire après. Mettez-vous autour d'une table, négociez. Toutes les guerres se terminent par une négociation. Pourquoi ne pas le faire avant ? De toute façon, ça finira comme ça. La seule différence, c'est que, si l'on attend six mois, un an, il y aura davantage de morts, de viols, de ruines. Parlez tout de suite. » Les pratiques de l'ingérence humanitaire sont handicapées d'être entamées dans une géographie du malheur difficile : ces villages bosniaques imbriqués dans trois ethnies.

A Sarajevo on aurait dû agir à titre préventif. Ensuite faire la guerre à la guerre devenait trop coûteux en vies humaines aux dires des dirigeants de la planète.

Je suis allé trois fois à Sarajevo avant que n'éclate la bataille. J'ai rencontré tous les dirigeants religieux et politiques. En décembre 1991, nous les avons réunis dans un petit théâtre de style autrichien. Ils parlaient de paix et allaient s'assassiner dans les mois suivants. A trois reprises, j'ai été demander à New York que M. Boutros Boutros-Ghali déploie les Casques bleus à titre préventif, comme on vient enfin de le faire en Macédoine. Roland Dumas, François Mitterrand ont insisté. En vain. Comme il est long de changer la loi du monde...

ABBÉ PIERRE : Tu as profondément raison quand tu as le sentiment qu'on n'a pas compris ton action. A mon avis, ce que tu as fait est entré dans l'Histoire. Tu as mis en circulation le droit d'ingérence, le devoir d'ingérence ensuite : il était inévitable de passer très vite de l'un à l'autre. On a abouti à cette chose impensable il y a seulement quelques années, qu'un secrétaire général des Nations unies, pas plus intelligent qu'un autre, ose demander que l'on mette à sa disposition un corps d'armée.

En introduisant dans le vocabulaire et dans la pensée, dans les calculs politiques à l'échelle planétaire et dans le droit international la notion d'ingérence – droit et devoir d'ingérence –, tu as fait changer le cours des choses. Même si tu disparaissais demain matin, tu resterais l'homme qui as accompli cet événement historique. Toute ta vie préparait cela au-dedans de toi. Derrière ces risques – aller au Biafra ou ailleurs – derrière le boy-scout sauveteur se tenait, souterraine, la dimension politique mondiale.

Tu as mis cette notion en circulation universelle de façon irréversible. Il est invraisemblable qu'un nouveau Pol Pot puisse exister à nouveau, ce n'est plus possible. Une chose est d'avoir sauvé les Kurdes, sauvé telle ou telle ville, sauvé tel nombre d'enfants, autre chose est d'avoir introduit dans l'univers des relations humaines le renversement de la notion de souveraineté absolue. Avoir fait reconnaître la relativité de la souveraineté! Désormais, on ne peut plus la nier. C'est un tournant de l'histoire de l'humanité.

Bernard Kouchner : Vieux rêve, vieille histoire. Tu t'es intéressé toi-même au sujet, je crois, avec le mouvement fédéraliste mondial.

Abbé Pierre : Oui. Juste après la guerre, on a convoqué deux congrès fédéralistes à Montreux, le Congrès fédéraliste universel et le Congrès fédéraliste européen. Alors moi, dans ma candeur, je me dis qu'après ce qu'on vient de vivre l'Europe va forcément se faire et que ce n'est pas la peine de s'en occuper. Donc je vais au Congrès pour une fédération mondiale. On élit comme président John Boyd Orr, le fondateur de la FAO, et je suis élu vice-président. Puis l'année suivante, on m'élit président de l'exécutif. A ce moment-là se tient à Paris l'Assemblée générale des Nations unies, au Palais de Chaillot qui est déclaré exterritorial pour la durée des travaux. Dans les jardins du Trocadéro, Gary Davis, qui avait déchiré son passeport, venait de planter sa tente...

Bernard Kouchner : Gary Davis, le citoyen du monde? Le pacifiste?

Abbé Pierre : Citoyen du monde, oui, mais il n'était pas pacifiste. C'était un sentimental, le fils d'une chanteuse et d'un acteur. Dans l'armée de l'air américaine, il faisait partie de l'unité où on a tiré au sort l'équipage qui a bombardé Hiroshima. Ça aurait pu être lui, donc. Il a dû participer à des bombardements d'extermination sur Dresde, Brême et Hambourg. Il m'a expliqué : « On a fait un premier tour avec des bombes au phosphore, on a mis le feu autour de Brême et Hambourg. Une demi-heure après, les gens s'étant réfugiés au milieu, on a fait brûler un cercle plus court. Et enfin un troisième cercle qui a anéanti les survivants. Au moins cent mille morts, comme une bombe atomique. » Gary Davis en a gardé un remords, et la guerre finie, il a déchiré son passeport américain. Il voulait n'être que citoyen du monde. Dès que l'Assemblée générale de l'ONU a siégé à Paris, il est venu. J'ai été le voir sous sa tente. Il baragouinait le français, on s'est compris. Je me rappelle qu'un jour on traversait la place de la Concorde, c'est moi qui conduisais – j'avais la réputation de conduire en casse-cou – et il me dit dans son jargon : « Tu me plais, tu conduis comme je pilotais ! » Je faisais partie du comité de soutien à Gary Davis, avec Gide, Camus et d'autres. Je me souviens qu'après la Libération, Camus m'avait demandé un article pour *Combat* et qu'il était titré : « *Nous en avons assez d'être les partisans de causes plus petites que celle de l'univers.* » On sortait de la guerre, des luttes pour les frontières, il y en avait assez. Pour soutenir Gary Davis et son idée de citoyen du monde, on a organisé un rassemblement monstre à l'ancien Vel' d'Hiv', c'était ultra-plein. Je fais un discours où j'interpelle le secrétaire général des Nations unies. Quand j'arrête de parler, la salle tout entière hurle : « Au Trocadéro ! » Les gens voulaient traverser la Seine et monter là-haut imposer une Assemblée constituante mondiale. L'ami qui était assis à côté de moi me dit : « Il faut les calmer. » Moi je lui demande : « Pourquoi ne pas y aller ? »

BERNARD KOUCHNER : Vous n'y êtes pas allés?

ABBÉ PIERRE : On n'avait rien préparé, donc on n'y est pas allés.

BERNARD KOUCHNER : Dans ton discours ou dans cette séance au Vel' d'Hiv', est ce que vous aviez déjà l'idée d'imposer la protection des minorités et d'imposer la négociation avant la guerre?

ABBÉ PIERRE : Je ne pense pas. L'essentiel, c'était : « Foutez-nous la paix avec la notion grotesque de la souveraineté absolue. »

BERNARD KOUCHNER : C'est ça. Il s'agissait déjà de mettre en cause la souveraineté des Etats.

ABBÉ PIERRE : Voilà! L'absurdité de cette prétendue souveraineté.

BERNARD KOUCHNER : En somme, cinquante ans plus tard, nous ne faisons que reprendre la même ligne.

ABBÉ PIERRE : Entre-temps, l'Organisation des pays producteurs de pétrole nous a montré quelle rigolade c'était de se croire souverain chez soi. Quand ils ont fermé les robinets des pipe-lines, ils ont mis en panne l'industrie de l'Europe et de l'Amérique. Comme au moment de l'affaire du canal de Suez. La prétention au caractère absolu de la souveraineté a été ridiculisée. Plus tard, cela a abouti au droit d'ingérence, mais on peut dire qu'il était déjà dans l'œuf.

BERNARD KOUCHNER : Je dois te faire part d'un étonnement qui a été pour beaucoup dans la genèse de ma pensée. Quand même! Vous sortiez de la guerre, vous sortiez du massacre des juifs, et vous n'aviez pas l'idée d'un dispositif de protection? C'est cela qui m'étonne. Au Biafra, j'ai fait le rapprochement avec le génocide des juifs, et aussi au moment des noyades des boat-people. Au sortir de cette guerre, surtout dans une réunion comme celle que tu décris, pas un n'a dit: « Il faut une armée mondiale? »

ABBÉ PIERRE : Si, sûrement. Mais j'ai cru que tu voulais dire : « Comment protéger les juifs? »

BERNARD KOUCHNER : Non, ce n'est pas ce que je voulais dire. Comment les protéger la prochaine fois, et pas seulement les juifs. D'abord, on venait de massacrer aussi les Tsiganes, dans les camps. Vous en sortiez, comment n'avez-vous pas réfléchi à un dispositif de protection des minorités, minorités juive, tsigane, arménienne, toutes les minorités? Comment, devant cette démonstration d'intolérance par essence qu'était la Shoah, comment n'avez-vous pas dit, vous qui avez tenté de les protéger – surtout toi, mon père, qui as si bien réussi – comment n'avoir pas dit qu'il fallait prévenir, pas seulement guérir?

ABBÉ PIERRE : Mais je pense qu'au sortir de la guerre, la réalité de la Shoah n'était pas connue.

BERNARD KOUCHNER : Vous n'avez pas su dès la fin de la guerre?

ABBÉ PIERRE : Non. On n'avait pas le concept de la solution finale, ce plan d'Hitler. La prise de conscience planétaire de la Shoah n'a eu lieu qu'avec le temps. Dans nos familles, nous avions aussi des déportés. Les déportés n'étaient pas tous juifs.

BERNARD KOUCHNER : Mais le retour des juifs déportés à l'hôtel Lutétia?

ABBÉ PIERRE : Ils revenaient avec le même habit de toile rayée que les autres. On ne distinguait pas le juif du non-juif.

BERNARD KOUCHNER : Le nombre n'était pas le même!

ABBÉ PIERRE : On n'avait pas conscience du nombre. On voyait arriver des camions avec des moribonds dont les os déchiraient la peau, on n'allait pas s'inquiéter de pointer si c'étaient des juifs ou non.

BERNARD KOUCHNER : Mais toi, Henry Grouès, tu n'as jamais su pendant la guerre que les juifs qui partaient ne reviendraient jamais?

ABBÉ PIERRE : Si. Je pensais qu'ils ne reviendraient pas, mais je ne me rendais pas compte de la quantité.

BERNARD KOUCHNER : Tu avais tout de même compris qu'on allait les tuer un par un?

ABBÉ PIERRE : Nous pensions qu'on allait les faire travailler comme des bêtes jusqu'à ce qu'ils crèvent, qu'ils étaient en grand danger de mourir d'épuisement.

BERNARD KOUCHNER : Jamais au cours de la guerre ne t'est venue la suspicion du massacre systématique, ni après?

ABBÉ PIERRE : Pendant la guerre, pas du tout. Et après, il m'a fallu du temps pour prendre conscience de la Shoah.

BERNARD KOUCHNER : Donc, vous sortez de la guerre, vous êtes fédéralistes, vous êtes mondialistes et vous ne pensez pas, après ce qui vous est arrivé sur la tête deux ans auparavant, à créer un dispositif de protection universel?

ABBÉ PIERRE : Une force armée? Ah, si, sûrement! Au Vel' d'Hiv', quand on se disait qu'on voulait marcher sur le Trocadéro, c'était pour transformer l'Assemblée générale de l'ONU en assemblée constituante avec un pouvoir mondial, armé, disposant de tous les attributs du pouvoir.

BERNARD KOUCHNER : Ah, bon! C'est formidable. On y arrive. Cinquante ans plus tard on y arrive à petits pas. Un pas en avant, deux pas en arrière, mais on y arrivera.

Tu as tenu les deux bouts de la chaîne, la vision universelle et l'attention portée aux plus faibles d'entre nous, un par un. Ma démarche était peut-être tortueuse, et généreusement machiavélique, la tienne est claire et j'ai compris dès le début. Je t'admire pour ce que tu as fait.

ABBÉ PIERRE : Je vais dire quelque chose dont je suis de plus en plus conscient au fur et à mesure que le temps passe, et dont je devrais parler plus que je ne l'ai fait jusqu'à présent. Je vais dérouter ou même révolter certains, toi peut-être. Ce que j'ai vécu me donne la conviction que mon royaume n'est pas de ce monde. J'ai l'impression d'avoir entendu parler d'une carrière de marbre merveilleuse, j'y vais et je vois des pierres cassées, inutilisables. Parce que c'est bien dans la carrière que s'élabore le matériau, mais on n'y bâtit pas la cathédrale. Elle s'édifie ailleurs. Je suis convaincu que nous vivons dans une esquisse constante.

Ma vie est incompréhensible, hors de toute raison, de toute logique, si on ne la revoit pas continuellement dans son germe, dans sa racine, imprégnée de ce creux que l'adoration a mis en moi.

Au couvent, j'ai vécu sept ans avec l'adoration toutes les nuits. Nous veillions de minuit à deux heures du matin. La première heure, nous dialoguions des psaumes, mais la deuxième heure se passait dans l'obscurité, sans lumière autre que la petite lampe rouge du saint sacrement, sans pouvoir s'aider d'une lecture, en adoration pure et nue. J'ai vécu sept ans ainsi, avec un volume intellectuel minuscule. Les études étaient très, très peu développées, j'en souffrais. Mais j'étais en adoration toutes les nuits d'une heure à deux heures du matin. Ma vie, telle qu'elle est, s'explique par cela.

Que de fois plus tard on m'a demandé : « Comment arrives-tu à tenir et continuer ? » Cela tient du miracle si on ignore qu'il y a eu cette absurde préparation. Car c'était absurde de prétendre donner comme préparation à une vie qui allait vagabonder autour de la terre entière, l'immobilité de l'adoration toutes les nuits, au lieu de l'étude du droit, de l'histoire, de la réalité politique et sociale.

Un jour un de mes neveux m'a demandé : qu'est-ce que l'adoration ?

Je n'avais jamais cherché à l'exprimer. Depuis j'utilise ces mots : c'est comme un éblouissement supportable.

Nous avons tous des moments d'adoration. Il ne s'agit pas de regarder le soleil à midi, ce n'est pas supportable, mais de regarder le sourire d'un enfant, une fleur qui naît, les étoiles qui commencent à apparaître.

L'adoration, c'est l'éblouissement supportable.

D'avoir vécu dans cet éblouissement, cela a mis en moi ce creux qui explique ma vie tout entière. C'est ce qui m'est resté de ces années, de ces nuits d'adoration, ce creux. Quand on a goûté de cela, on ne peut plus s'en passer. Le pli que j'ai reçu est ineffaçable. Même dans l'action qui semblerait lui être la plus étrangère, j'ai toujours vécu l'adoration. Et je ne peux vivre la prière que sous cette forme. Il est fréquent que je reçoive des lettres qui me demandent « priez pour moi ». Je ne peux pas, depuis des années déjà, répondre « je prierai pour vous ». Je ne peux que répondre, c'est un peu plus long, « soyez-en sûr, je vous garde présent dans l'effort de chaque jour pour être encore. à quatre-vingts ans, servant, offrant, adorant». Je garde présent, oui, même si ce n'est pas individuellement que je pense à chacun, mais ontologiquement: vous êtes là avec tout le reste de l'univers. Pour beaucoup, prier c'est demander. Pour moi, prier c'est adorer.

Et alors il y a des moments où j'éprouve un besoin de solitude, comme pendant la guerre où j'ai été vivre devant le glacier de la Meige. J'ai passé une semaine de solitude à chercher comment résoudre un de ces cas de conscience que posait la Résistance. J'ai besoin de trois jours d'isolement par mois, cela fait partie d'une espèce d'hygiène. Je peux aussi vivre sans, j'ai passé des années sans les avoir. J'ai vécu ensuite huit ans au monastère de Saint-Wandrille où je pratiquais cette discipline. Je rejoignais ainsi à soixante-dix ans ce que j'avais connu à vingt ans. Maintenant que je suis dans l'obligation d'être ici, je suis parfaitement heureux, enfant gâté, privilégié, mais je me dis que ce serait trop bête de me couper de cette possibilité. Alors j'en viens à envisager cette solitude ici. Je barre rois jours sur mon agenda, et cette porte étant fermée, je suis comme dans un ermitage.

Au fond, ce sont ces moments qui donnent de la densité aux réponses que je peux te faire.

Parce que ce ne sont pas des conclusions de syllogismes. C'est du domaine de l'Amour...

« Les chiens ne trahissent jamais »

BERNARD KOUCHNER : C'est extraordinaire comme ma théorie de l'hormone mâle se vérifie ! Quand on cherche à organiser une fraternité, on soulève de la haine. De tous les êtres vivants, il n'y a que l'homme qui trahisse ses semblables. Les animaux ne connaissent pas cet appétit, ce besoin, ce sentiment irrépressible. Les chiens ne trahissent jamais ! Les guerres de charité, ce sont les pires à supporter. Les humanitaires se disputent les victimes, ils s'agressent à la télévision ou dans des billets qu'ils donnent au *Monde*, ils s'efforcent de prendre le pouvoir dans leurs organisations à coups de tendances et de motions, ils se brouillent à mort après dix missions où ils ont risqué leur peau ensemble... Au début cela m'a surpris, et puis j'ai compris que cela était constitutif de toute action humaine. Tu le sais, j'ai été chassé de Médecins sans frontières par mes successeurs, toi tu dirais mes disciples.

ABBÉ PIERRE : Non, je ne sais rien de tout cela. Toi, tu le vois avec beaucoup d'acuité, mais le grand public n'en a aucune notion.

BERNARD KOUCHNER : Avec le recul, quelle importance...

ABBÉ PIERRE : C'est le recul qui est important. Et l'action !

BERNARD KOUCHNER : Oui, tant pis pour l'appareil puisque je n'ai pas perdu l'idée, mais l'humanitaire n'échappe pas à la politique, au sens noble du terme comme dans ses mesquineries : manipulations, bulletins truqués, fausses inscriptions...

ABBÉ PIERRE : On souffre quand quelqu'un veut vous piquer votre idée, c'est sûr, mais est-ce de la trahison ? Finalement, d'autres utilisent ce qui a été fait pour que ça continue à leur manière. Le véritable traître, dans ce genre d'organisation, c'est le voleur, celui qui empoche les dons pour lui-même ou part avec la caisse. La trahison du voleur et celle du calomniateur ne sont pas de même nature.

BERNARD KOUCHNER : Je me souviens de ce jour où la France entière soutenait le bateau pour le Viêtnam, sauf Médecins sans frontières, mon organisation. Petit congrès dérisoire dans le XIIIe arrondissement de Paris, bataille perdue... A la tribune, un type m'insultait, qui n'était ni médecin ni humanitaire, qui avait profité du mouvement. Les fondateurs, mes vrais amis, minoritaires, en restaient stupéfiés. C'étaient les plus vifs, les plus drôles, ceux avec qui on a envie d'aller dîner le soir, des médecins de qualité, pas des parasites qui vivent sur le dos de la médecine. Et puis l'un d'entre eux s'est levé. Ni le plus connu ni le plus important, mais un professeur qui avait participé à deux ou trois missions, et qui avait une très jolie maîtresse dont tout le monde était tombé un peu amoureux. Les autres se sont levés aussi, à la fois pour protester contre l'agression et parce qu'ils avaient un sentiment pour cette dame. Ils se regardaient, se touchaient l'épaule : « Ecoute, ils nous ennuient, allons dîner. » J'ai été le dernier à me lever, par solidarité avec eux. Je suis parti en disant : « C'est insupportable ! » Ce n'était pas insupportable, simplement nul. Voilà comment j'ai perdu Médecins sans frontières. Et j'ai laissé mes anciens confrères magouiller pour le pouvoir. La trahison, elle débute le jour où les organisateurs, les bureaucrates se disent : ça marcherait mieux sans le fondateur. Le fondateur est un agité, un gêneur, il se pousse toujours en avant...

ABBÉ PIERRE : Il nous fait de l'ombre !

BERNARD KOUCHNER : ... il finit par déranger. Toujours Sigmund Freud, mon père !

ABBÉ PIERRE : J'ai connu ce que tu dis. Quand j'ai été très malade et qu'on me croyait fichu, à la fin des années cinquante, il y a eu des querelles et des schismes dans notre mouvement qui commençait. Nous avions déjà une quarantaine de communautés, en France et dans cinq ou six autres pays. J'étais donc isolé dans la clinique de Prangins, en Suisse, et je ne recevais plus d'informations des Chiffonniers d'Emmaüs. Un jour, ma fameuse secrétaire, Mlle Coutaz, qu'on appelait souvent la Chèvre, arrive avec un visage défait. Je lui demande si elle est malade, elle me répond que non avec un drôle d'air. J'apprends plus tard que celui à qui j'avais donné tous les pouvoirs profitait de ma maladie pour m'écarter. C'était un honnête homme, pourtant, un gros patron à qui j'avais signé une procuration universelle. D'ailleurs mon médecin m'a demandé d'annuler cette procuration et il a écrit : « Je dois conseiller à mon malade d'annuler cette procuration car elle le mutile, elle le diminue. » L'autre voulait me remplacer et pensait que j'étais incurable. Il a convoqué Mlle Coutaz dans son bureau pour lui dire : « Bien évidemment, mademoiselle, vous comprendrez que dans les circonstances actuelles votre place n'est plus ici ! » Et elle, la cofondatrice, s'est retrouvée sur le trottoir avec une petite valise, sans domicile, sans le sou... A Genève, elle va voir un ami merveilleux, un très gros notaire de la ville qui avait été le président de Caritas. Il lui dit : « Tous mes enfants sont mariés, ma villa au Grand-Lancy est à vous. »

En ramassant les textes de mes conférences qu'elle avait tapés à la machine, elle a écrit un livre sous le titre *L'Abbé Pierre vous parle*. Avec les droits d'auteur, elle payait la clinique. Les autres auraient bien voulu conserver le prestige du mouvement, ils ne le pouvaient plus. Si elle ne m'avait pas écouté, elle aurait été violente, mais je l'avais convaincue : « Ne faites rien. » Un peu plus tard, sans bruit, dans le silence, comme par une victoire de la non-violence je pouvais convoquer la première assemblée mondiale du mouvement, au Parlement de Berne, pendant les trois jours de Pentecôte.

A la clôture de ce rassemblement qui a adopté le manifeste universel d'Emmaüs, les journaux suisses avaient titré en gros : « Voilà que pour trois jours le plus haut sanctuaire politique des banques est devenu le Parlement des pauvres du monde. » C'est beau ! Le père n'était plus fou, on le demandait partout, on avait à nouveau besoin de lui, et les querelles se sont calmées...

BERNARD KOUCHNER : Mon père, le vrai, répète tout le temps qu'on n'est jamais trahi que par les siens. Dans le cas de Médecins sans frontières, ce n'était heureusement pas vrai. Nous avons été trahis par des gens qui n'étaient pas des nôtres. Le petit groupe issu du Biafra est toujours resté fraternel et solidaire. Aujourd'hui encore, si ceux-là m'appellent, j'arrive. Si je les appelle, ils viennent. Même si nous ne pensons pas ou plus à la même chose, la connivence reste forte. Nous avons été trahis par une seconde génération qui est venue avec le succès, et qui ne nous ressemblait pas. Allons ! la trahison est une catégorie de la pensée. Il y a des gens dont on sait qu'esthétiquement, sentimentalement, ils vont trahir. C'est couru d'avance. On ne peut l'éviter. On le sait mais on marche quand même avec eux. On se dit : ça ne m'arrivera pas à moi, et puis... La fermeté de la pensée, le sens de l'honneur sont des qualités peu répandues. On change d'avis et d'amis, on tourne à tout vent, on se laisse emporter par la jalousie et la rancune, on bougonne, quelle comédie ! La trahison, c'est Vichy plutôt que de Gaulle. On a été surpris que je ne trahisse pas François Mitterrand. On a été surpris que je ne trahisse pas les socialistes avec lesquels je n'étais pas d'accord du tout ! Il s'agit d'une certaine idée de l'honneur... On a été surpris que je ne trahisse pas Michel Rocard, on a essayé de me dresser contre lui. Si j'avais accepté cela n'aurait étonné personne. Trahir, c'est la règle. Moi, je n'accepte pas. J'aime les gens fidèles à leurs principes, à leurs amitiés, à leur morale. L'histoire de Médecins sans frontières et celle d'Emmaüs, ce n'est pas très différent, sauf que toi tu n'as pas perdu ton organisation parce que personne de l'Eglise ne s'est tourné contre toi.

ABBÉ PIERRE : Emmaüs France a son président, ses organes de fonctionnement dont je suis membre permanent mais où je ne vais plus jamais, à moins qu'on me le demande à titre exceptionnel. Pour les fêtes du quarantième anniversaire, par exemple, quand tous les enfants de cette famille voulaient se réunir autour du vieux grand-père que je suis. Bon. J'ai marié mes enfants. Je veux bien faire le grand-père, mais pas la belle-mère ! 1949-1999 : cela fera bientôt cinquante ans !

BERNARD KOUCHNER : En tout cas, on ne t'a pas trahi au point de te mettre dehors.

ABBÉ PIERRE : On a pensé que j'étais déjà dehors, puisque j'étais malade et qu'on répétait que j'étais fou.

BERNARD KOUCHNER : Et tu es revenu, et on s'est rassemblé autour de toi.

ABBÉ PIERRE : Il est paru dernièrement un livre de Pierre Lunel qui évoque cette période douloureuse dont je te parlais. J'ai reçu une lettre d'un membre d'Emmaüs, un jeune père de famille marié avec une de nos bénévoles. Il est arrivé dans le mouvement bien après les années 1957-1958. Ecoute-la.

Je viens de lire le livre de Pierre, 40 ans d'amour, *et je ne peux plus me retenir de vous dire « Merci ! » Je viens seulement de comprendre la douleur terrible des uns, des autres, et de vous durant cette pénible année 58. Cette douleur, elle est pour moi, pour tous les compagnons, amis, volontaires de ma génération, elle est votre preuve d'amour immense que vous avez eu pour nous, de cela comment vous remercier? La conception de l'enfant vient toujours de l'amour du plaisir. Mais dès la conception viennent la responsabilité, la charge, la douleur, l'angoisse. Premièrement par l'accouchement, cette formidable et merveilleuse boucherie, ce grand bain de sang duquel nous venons tous, de ces douleurs terribles de la mère, de ces angoisses folles du père. Puis la vie avec cet enfant qui grandit, qu'il faut élever, ses crises, ses orientations, pour tout cela les disputes des parents qui font mal, les douleurs des premiers chocs, les angoisses des premiers résultats, et tout cela, toutes ces tortures merveilleuses* pour celui qu'on aime.

Que c'est beau pour l'enfant de se savoir aimé à ce point de souffrance.

Merci, père, de tout cela, merci de cette histoire magnifique.

Serais-je digne de tout cela?

BERNARD KOUCHNER : Superbe lettre !

ABBÉ PIERRE : Il aurait pu se scandaliser de se trouver dans une famille divisée. Au lieu de cela, il découvre que la famille est unie au prix de grandes souffrances. C'est merveilleux !

BERNARD KOUCHNER : Pour se réconcilier comme pour se disputer il faut être deux, or, chez certains, il y a eu une terrible volonté de rester fâché... Et malheureusement, comme l'idée intéresse, des politiciens s'en mêlent qui vont bientôt tenter et réussir à nous faire croire qu'il y a un humanitaire de gauche et un humanitaire de droite. Alors, cela deviendra vrai!

ABBÉ PIERRE : Les vilenies, avec le temps, prennent moins d'importance que les pardons. Le temps qui passe est plus juste. C'est comme pour le bon vin, il est meilleur après avoir décanté. Chez nous, on a une phrase que j'ai répétée toute ma vie : « Ce n'est pas en tirant sur l'herbe qu'on fait pousser le blé plus vite. »

Exercices politiques

BERNARD KOUCHNER : Curé député, voilà un engagement qui n'est pas si fréquent. Comment est-ce arrivé? Tu avais des opinions politiques avant la guerre et la Résistance?

ABBÉ PIERRE : Pas du tout. Avant la guerre, je ne savais rien. Je suis entré au couvent en 1931. A l'époque, l'Allemagne avait six millions de chômeurs, une armée de cent mille hommes autorisée par le traité de Versailles et Hitler n'était que le chef d'un putsch minable qui avait échoué. Je ressors du couvent trois mois avant la mobilisation : l'Allemagne n'a plus un seul chômeur, son armée compte un million huit cent mille hommes et Hitler se prépare à la jeter sur l'Europe. Tu imagines ma surprise?

BERNARD KOUCHNER . Tu n'avais aucune information au couvent?

ABBÉ PIERRE : Aucune.

BERNARD KOUCHNER : Pas un journal?

ABBÉ PIERRE : Rien.

BERNARD KOUCHNER : Je n'arrive pas à le croire! Une information aussi importante que l'arrivée d'Hitler au pouvoir, ça ne passait pas les murs?

ABBÉ PIERRE : Nous étions des capucins cloîtrés, complètement bouclés. A tel point que je suis en train de lire le livre de Renée et Pierre Gosset consacré à Hitler et que je découvre tout, à quatre-vingts ans : la Nuit des longs couteaux, les lâchetés de la diplomatie française, les rencontres Hitler-Mussolini... Je suis stupéfait par la violence de l'histoire et par ma propre ignorance.

En 1939, j'ai été mobilisé comme sous-officier avec pour mission de remonter la vallée de la Maurienne, en Savoie, de réquisitionner soixante ou quatre-vingts chevaux et du fourrage, et d'embarquer tout ça dans un train qui partait vers la ligne Maginot. « Vous prendrez grand soin du cheval du général, m'avait dit le capitaine, il y aura un wagon spécial pour lui. »

Après la débâcle, la démobilisation, je me suis retrouvé prêtre à Grenoble. Je n'étais pas beaucoup plus conscient. Dans mon milieu familial, on était catholique et français de toujours, on admirait le grand Maréchal.

BERNARD KOUCHNER : Les mesures de Vichy contre les juifs, ça t'a fait un choc?

ABBÉ PIERRE : Sur le moment, non, je ne suivais pas les événements. Le déclic s'est produit lorsque ces deux juifs en larmes sonnent chez moi et disent : « Cachez-nous. » Je t'en ai déjà parlé. Je les ai couchés chez moi, un sur le matelas par terre, l'autre sur le sommier, moi dans un fauteuil. Pour la suite, je ne savais pas ce qu'il fallait faire. J'ai pensé que les sœurs de Notre-Dame de Sion, vu leur nom, sauraient peut-être s'occuper des juifs. J'ai donc été trouver la supérieure. Elle m'a révélé que son couvent en abritait déjà tellement qu'elle ne pouvait pas héberger les miens. Elle m'a demandé, comme je connaissais bien la montagne, de les faire passer en Suisse. Je l'ai fait : c'est comme cela que je suis entré dans la Résistance. Ceux qui franchissaient la frontière par les cols en pleine nature risquaient peu d'être refoulés. Mais ceux qui arrivaient vers Genève pouvaient être réexpédiés en France. J'en ai connu qui ont été blessés ou tués, parce que l'Etat suisse n'en voulait pas, parce qu'ils étaient trop nombreux. Après la guerre, d'ailleurs, il y a eu des interpellations très dures à ce sujet au gouvernement de Berne... Bon. Quand ça n'a plus été possible par la Suisse, j'ai organisé des passages par les Pyrénées vers l'Espagne. Il était très difficile de s'approcher parce que les Allemands avaient délimité une zone interdite le long de la frontière. Un de mes amis résistants, un éditeur, était repéré par les Allemands, il fallait que je le sorte de France. Or il avait publié *L'Armorial général de France.* L'auteur, Jougla de Mornas, était un passionné de généalogie qui travaillait à la direction de la voirie de Paris et qui allait finir dans la collaboration. Je le rencontre à déjeuner avec son éditeur, mon ami. Jougla était très en colère, il brandissait une lettre à en-tête de

Vichy. Un M. Darquier de Pellepoix lui écrivait : « *Cher maître, j'apprends que vous avez en préparation un nouveau volume de votre chef-d'œuvre,* L'Armorial général de France, *je vous serais infiniment reconnaissant de bien vouloir établir ma descendance dans la lignée du baron Darquier anobli par Napoléon.* »

BERNARD KOUCHNER : C'était bien sûr le Darquier de Pellepoix, secrétaire d'Etat aux Affaires juives ?

ABBÉ PIERRE : Mais oui. Le Pellepoix, on ne sait pas d'où il l'avait sorti, quant au Darquier, en effet, il y avait eu un baron Darquier au Pays basque. Mais tout cela était sans rapport avec le sinistre Darquier de Pellepoix. Pour Jougla de Mornas, le puriste en armorial, cela représentait un blasphème : on lui demandait de faire un faux. J'ai profité de sa fureur pour avoir cette lettre de Darquier. Je me suis fait tout un dossier de généalogie, je suis allé à la Kommandantur à Paris. J'ai montré la lettre et j'ai expliqué : « Voilà, on me dit qu'il y a des zones interdites le long des Pyrénées, or il faut que j'aille au pays basque et ça presse, *Le Grand Armorial* va être édité, et pour un ministre comme M. Darquier de Pellepoix, qui est basque, c'est très important. Peut-être aurez-vous de la compréhension... »

BERNARD KOUCHNER : Les Allemands t'ont établi un *ausweiss* authentique pour les Pyrénées ?

ABBÉ PIERRE : Oui. J'ai dit : « Je m'appelle Houdin, je suis prêtre et très intéressé par l'héraldique. » Ça a suffi. J'avais l'intention de faire passer mon ami éditeur et résistant en Espagne par un gué que je connaissais sur la Bidassoa. J'arrive dans les Pyrénées avec mon *ausweiss* et tous les papiers nécessaire, je rejoins les membres de mon réseau qui me préviennent : « C'est cuit, des Sénégalais évadés d'un camp près de Bordeaux ont voulu passer la rivière, ils sont tombés sur une patrouille allemande qui leur a tiré dessus, maintenant le passage est connu, il n'y a plus moyen. » Ils m'indiquent une autre solution, deux villages jumeaux, Dancharria et Darcharinéa, traversés par la frontière. « Ton papier n'est pas valable, parce que la zone interdite est partagée en deux, la zone océane qui s'étend quelques kilomètres dans les terres, et la zone de montagne. Toi, pour aller à ce village de Dancharria, tu dois passer par Cambo-les-Bains, dans la deuxième zone. Ton papier n'est bon que pour la première zone. »

J'ai eu l'idée d'aller trouver naïvement le commissaire de police de Saint-Jean-de-Luz en lui disant : « Chut ! Discrétion... Demande du ministre... Papiers allemands, mais ça presse, je n'ai pas le temps de remonter à Paris pour demander un papier pour la zone de montagne. Est-ce que je peux me risquer ? » Ça m'a sauvé la vie, même si le commissaire a flairé que c'était une histoire de passage de frontière, j'en suis persuadé. Il m'a répondu : « Vous savez, avec une lettre d'un ministre, les Allemands seront compréhensifs. Je crois que vous pouvez prendre le risque. »

Et je m'embarque. Je fais passer la frontière à mon copain menacé. Je reviens tout seul. C'était au mois de mai 1944, juste avant le débarquement allié du 6 juin en Normandie. Les Anglais avaient réussi à semer le doute sur le point précis de ce débarquement. L'histoire est connue. Un noyé, habillé en officier anglais, avait été repêché avec des plans dans ses poches qui indiquaient un débarquement à Saint-Sébastien. A ce moment-là, les Allemands ont réquisitionné la population civile, l'ont encadrée de Cosaques pronazis, des têtes à faire peur, des moustaches terribles sous des bonnets de fourrure, pour disposer des batteries d'artillerie de marine dans les Pyrénées, tournée vers Saint-Jean-de-Luz.

Je reviens d'Espagne en vélo pour me retrouver dans cette panique. J'étais fatigué, ça montait. J'ai fait signe à un camion qui s'est arrêté, j'ai mis mon vélo sur le toit. A la descente, à Cambo-les-Bains, la police allemande vérifie les identités. Arrive mon tour, j'ai mon papier, mais le type de la Gestapo me dit : « *No gut!* ». Et hop, le revolver dans le dos. Aussi curieux que cela puisse sembler, je n'ai eu qu'un sentiment : ouf! Après tant de clandestinité, de précautions, d'angoisses, de crainte, c'était fini. Mal fini mais fini. Ça me rappelait ce que m'avait raconté un oncle à propos de la Grande Guerre, au moment de sortir de la tranchée pour la boucherie : il avait sauté au coup de sifflet, il avait couru vers les ennemis et un éclat d'obus lui avait arraché la jambe. Il nous disait : « Je dois vous avouer que j'ai fait ouf! Je n'avais plus à aller embrocher les paysans d'en face. » Il racontait : « On était restés des semaines presque nez à nez, on se disait bonjour le matin, on faisait sécher nos mouchoirs et nos caleçons, et au coup de sifflet on devait se poignarder! »

Une jambe arrachée, ouf! Eh bien, moi, épuisé, après deux ans de cette double vie, je disais ouf! S'ils m'avaient interrogé tout de suite je n'aurais sans doute rien dit, mais j'aurais pensé : chacun son tour, je vous ai eus, vous m'avez eu, terminé. Par bonheur, la villa de l'état-major était à un quart d'heure à pied. C'était le mois de mai, à six heures du soir, les oiseaux chantaient, les cerisiers étaient en fleur, et après deux minutes j'ai repris goût à la vie. Je me suis ressaisi et j'ai monté dans ma tête le cinéma que j'allais leur faire.

A la villa j'ai attendu dans une antichambre, et j'écoutais les militaires allemands, dans la salle à manger d'à côté, qui riaient et qui buvaient. Un officier est arrivé au bout d'une demi-heure, je l'ai pris de haut : « Réfléchissez bien aux conséquences. Si je suis là, ce n'est pas pour m'amuser, voilà la demande du gouvernement de Vichy, et c'est urgent. Le commissaire de police, à Saint-Jean-de-Luz, m'a dit que vous étiez compréhensifs pour le personnel de Vichy. » L'officier me quitte, je l'entends qui téléphone au commissaire qui lui confirme ce que je viens de dire. Alors il revient, affable, ce n'est plus le même homme. Il me dit : « Je regrette de devoir vous garder en résidence surveillée pendant vingt-quatre heures, il me faut le temps de vérifier l'authenticité de vos papiers et de vous donner l'autorisation pour la zone montagne. Où voudriez-vous passer la nuit? – Au presbytère. » On m'y conduit. En vérifiant mon histoire à Paris, on pouvait remonter jusqu'à Jougla de Mornas, qui connaissait mon pseudonyme et mon vrai nom. J'explique donc au vicaire que je dois absolument m'échapper. Il me dit : « Quand la nuit sera tombée, prenez mon vélo et sauvez-vous. » Tout d'un coup on entend une poignée de graviers dans les volets. La nuit est tombée. On prend la colique, on se demande ce qui se passe. Le vicaire va voir et il revient en riant : « C'est la patrouille allemande qui lançait des cailloux. Le papier qu'on doit coller sur les fenêtres pour le black-out, pour que nos lumières ne guident pas les avions anglais, était en partie décollé ! »

Je me suis tiré. A Pau, mes compagnons m'ont mis en garde : « Tu es grillé, tu es recherché partout, à Grenoble, à Paris et dans le coin. Rejoins Alger. » J'étais d'autant plus grillé que quelques mois plus tôt j'avais fait passer à la barbe des Allemands le plus jeune frère du général de Gaulle, qui était paralysé, aussi grand que le général, raide comme une poutre, et qu'il fallait porter...

BERNARD KOUCHNER : Tu l'as fait passer en Espagne ?

ABBÉ PIERRE : Non, en Suisse, grâce au curé de la paroisse de Collonges-sous-Salève, et grâce à un capitaine des douanes qui a pris tous les risques... Bon. Revenons dans les Pyrénées. La nuit, une fois de plus, je repars, comme mes compagnons me l'avaient recommandé, pour Alger ou pour le Maroc. Je marche avec un ami à travers la montagne jusqu'au village de Vera, en Espagne. Il faisait froid dans la montagne et nous tombons sur une étable. Nous entrons. Nous nous étendons dans la paille à côté des vaches, mais au bout de cinq minutes on aperçoit une torche électrique, puis un homme totalement nu descend l'escalier. C'était le paysan qui nous avait entendus et qui nous baragouine une espèce de « Foutez le camp ! ». On n'avait pas le choix. On est repartis.

Je ne sais pas à quelle heure de la nuit on est arrivés à Vera, mais le boulanger espagnol faisait cuire son pain. On a senti de loin l'odeur du pain chaud, alors, au pifomètre, on a marché vers la boulangerie. On y a trouvé un type épatant qui nous a fait sécher nos vêtements devant la gueule du four. Pour lui la Résistance était toute belle, il est allé réveiller sa femme qui nous a apporté du lait chaud, et on a mangé ce pain croustillant qui sortait du four. Par une de nos communautés de chiffonniers en Espagne, quarante ans plus tard, j'ai retrouvé le boulanger et sa femme : elle m'a montré, dans son livre de messe, l'image de Notre-Dame de Fourvières que je lui avais donnée en la quittant, pour les remercier.

BERNARD KOUCHNER : Donc, tu traverses l'Espagne, tu files en Algérie...

ABBÉ PIERRE : Ça n'a pas été aussi simple. Et là, j'ai été bête. J'ai demandé où je pourrais aller dire ma messe et les boulangers m'ont dit : « Le mieux, c'est que vous alliez au collège. » Il y avait à côté un collège de frères maristes, dans cette petite ville de Vera, mais ils étaient complètement franquistes. Pour eux, la Résistance c'était des voyous, des communistes, des assassins. Pendant que je disais la messe, les frères sont allés avertir la gendarmerie espagnole. Quand je suis sorti de l'église, les gendarmes m'ont cueilli et ils m'ont passé les menottes, et à mon ami avec moi. Nous avons été à pied de Vera à Irun. Comme j'étais prêtre on m'a enfermé dans une villa, *Les Glycines*, qui servait à interner les évadés de France en attendant une décision de l'administration. J'y suis resté une semaine. Il y avait là une jeune femme très serviable, en réalité une espionne allemande. Elle faisait des grâces à chacun des évadés pour obtenir des renseignements : par quel réseau, par quel canal avaient-ils réussi à franchir la frontière...

C'est dans cette villa que j'ai appris que l'évêque de Vittoria était un Basque antifranquiste qui avait des sympathies pour la Résistance. Je lui ai signalé ma présence, il a répondu par un télégramme me disant qu'en vertu du concordat entre le Vatican et l'Espagne, les délits ecclésiastiques ne relevaient que des tribunaux ecclésiastiques. Là-dessus, le pape et Franco étaient d'accord! Comme j'avais passé la frontière sans visa on m'a transféré au tribunal ecclésiastique de Madrid, par le train, entre deux gendarmes. La nuit, comme on ne dormait pas, ni eux ni moi, nous avons fait une partie d'échecs ensemble, avec le petit jeu que j'avais dans ma poche. A l'aube, peu avant la capitale, sur le quai d'une gare on a entendu des gamins crier les titres des journaux. C'était le 6 juin et les Alliés avaient débarqué en Normandie. J'ai dit : « Ça y est! » à mes Espagnols, et eux, ils étaient sceptiques : « Pfft! On les a refoutus à la mer, il est raté ton débarquement! » Franco, lui, commençait à comprendre que l'Allemagne était fichue. L'Espagne crevait de faim. Parmi les accords signés avec les Alliés, la Croix-Rouge canadienne avait établi une base à Madrid, elle apportait des médicaments, du ravitaillement, elle servait en fait d'ambassade. Grâce à l'évêque de Vittoria, qui avait alerté cette antenne de la Croix-Rouge, j'ai été sauvé. Les Canadiens m'ont fabriqué des faux papiers en prétendant que j'étais un pilote canadien abattu au-dessus de la France, un survivant qui aurait réussi à gagner l'Espagne. Après on m'a habillé d'une chemise réséda, avec une veste gris perle, des espadrilles. Je m'appelais sir Harry Barlow. Former un pilote de combat, ça demandait un an, alors les Canadiens échangeaient tout pilote capturé en bon état contre une livraison de blé aux Espagnols. Pour la première fois de ma vie, on m'a mis dans un wagon-lit de première classe et je suis arrivé à Gibraltar, en zone anglaise.

Alors là, je découvre un autre aspect du combat pour la libération : Gibraltar était le lieu d'une petite guerre permanente entre services secrets alliés, à qui se procurerait des tuyaux à monnayer ensuite auprès des autres. Tous les services importants m'interrogent, surtout les Américains.

BERNARD KOUCHNER : Le résistant évadé n'est pas accueilli en héros?

ABBÉ PIERRE : Comme tu dis. Finalement, les minuscules services français combinent de me faire passer clandestinement en Algérie à bord d'un avion américain qui allait faire escale. C'était un transporteur de troupes rempli de matelots permissionnaires qui rejoignaient leur bâtiment en rade d'Alger. Au matin, les Français m'emmènent à la cathédrale pour dire la messe, je rentre d'un côté, je sors de l'autre, là on m'attendait, on me conduit à l'aérodrome et on m'embarque dans l'avion par une porte latérale.

A l'atterrissage, je soulève la suspicion totale : un Français avec de faux papiers canadiens, clandestin sur un avion américain. Ça a semblé louche aux policiers américains. Ils m'ont interrogé de six heures du matin à dix heures du soir, ils répétaient les mêmes questions, ils m'accusaient de mensonge, ils faisaient semblant de relire ce que j'avais dit mais ils introduisaient des erreurs dans mes réponses pour me faire trébucher, et ils se relayaient, et moi je restais debout, à jeun. A la fin j'ai explosé : « J'en ai marre et j'ai faim ! »

A ce moment-là, la porte s'ouvre et je vois deux officiers qui disent aux policiers de sortir et qui déclarent : « C'était la police, nous, nous sommes l'armée. Qu'avez-vous à dire ? » Je réplique : « Téléphonez au général de Gaulle. »

Et j'ai eu une veine extraordinaire, je tombe au téléphone sur Elisabeth de Miribel. C'est la femme qui a tapé à la machine l'Appel du 18 juin. Sa cousine avait été une de mes élèves quand j'avais été à Grenoble. Une demi-heure après, la voiture du général de Gaulle avec son pavillon était là, et toute l'armée américaine au garde-à-vous.

Elisabeth de Miribel était très liée avec le général et la générale Vanier. Le général était ambassadeur du Canada en France, un homme merveilleux qui avait eu un bras arraché à la guerre. On m'a conduit chez eux. Mme Vanier, qui vient de mourir, m'a ensuite raconté que j'avais dormi quarante-huit heures. Elle entrouvrait la fenêtre de temps en temps pour regarder si je n'étais pas mort.

J'ai mis pas mal de temps à récupérer. Aussitôt remis, j'ai voulu me rengager pour le débarquement du 15 août. Mais j'étais en trop mauvaise santé : l'amiral Missoffe m'a demandé de rester en Afrique du Nord comme aumônier de l'Ecole navale de Casablanca. J'ai passé six mois sur le cuirassé *Jean-Bart*.

En janvier 1945, Jacquinot, le ministre de la Marine, me demande de revenir à Paris pour être le directeur de la Maison du marin, rue Dugay-Trouin, les marins de passage dans la capitale. J'accepte. Et c'est alors que Michel Habib-Deloncle, que j'avais connu dans la Résistance, me rencontre à un coin de rue. Il me croyait mort et se montre fort surpris de me voir en vie. Voilà qui rend philosophe sur la vanité des choses terrestres, ça remet les idées en place : il s'était très bien habitué à la pensée de ne plus jamais me revoir. A la suite de notre rencontre, Habib est allé voir le cardinal Suhard en lui disant : « Il y aura des attaques contre un bon nombre d'évêques qui se sont mouillés avec Pétain, il faut que des gens d'Eglise qui se soient risqués dans la Résistance se présentent aux élections.

BERNARD KOUCHNER : Et tu as été élu député.

ABBÉ PIERRE : Député de Nancy, oui, où je n'avais jamais mis les pieds, où je ne connaissais personne. Tous ceux qui étaient sur ma liste étaient MRP, mais en face de mon nom, en tête, j'avais voulu qu'on marque indépendant. A l'époque, indépendant ça n'était pas un parti, bien sûr.

BERNARD KOUCHNER : Prêtre et député, c'était compatible ?

ABBÉ PIERRE : Il fallait une autorisation tout à fait particulière du Saint-Siège et une autorisation de l'évêque du diocèse dont on était membre. Moi je dépendais de l'évêque de Grenoble, un vieil homme conservateur qui aurait bien voulu m'empêcher d'entrer dans la Résistance s'il l'avait su. Là, il avait changé de ton, il était en larmes : « Vous êtes donc en vie ? Ah, mon Dieu, s'il y en avait eu beaucoup comme vous ! » Et quand je lui ai demandé la permission de me présenter aux élections, ce même évêque m'a répondu par un télégramme génial : « *Regrette ne pouvoir personnellement prendre pareille responsabilité. Toutefois si plus haut mieux informé vous engage d'accepter, ne récriminerai point.* » Je débarque à Nancy, totalement incompétent, n'ayant jamais milité dans aucun parti. J'ai conscience d'avoir été un député inutile.

BERNARD KOUCHNER : Tu as quand même voté le statut des objecteurs de conscience, c'est utile, non ?

ABBÉ PIERRE : Oui. Ça c'est intéressant. J'ai réfléchi au problème comme député de l'Assemblée constituante, en 1946. J'étais secrétaire de la commission de la Défense nationale, j'avais accepté ce poste parce que personne ne s'intéressait aux commissions.

Un colonel était venu me voir pour me dire : « Dans la même session du tribunal militaire, cet après-midi, j'ai dû acquitter un séminariste allemand qui avait abattu des otages, et condamner pour la troisième fois un objecteur de conscience français. Pour le séminariste, on pouvait prouver qu'il avait tué sous la menace de l'arme de son capitaine, la loi militaire permettait l'acquittement. L'objecteur, un témoin de Jéhovah qui n'avait fait que refuser de tuer, n'avait aucune chance d'échapper à la prison. » Et le colonel m'avait précisé qu'on avait laissé ce malheureux pratiquement sans chemise dans une cellule glacée à Strasbourg, parce qu'il avait refusé d'enfiler des vêtements militaires. Il avait ajouté : « Cela ne peut plus durer, monsieur le député, trouvez des solutions. »

Nous avons été quatre, en 1949, à présenter le premier projet de loi pour protéger les objecteurs de conscience.

Quand en 1962 le vieux Louis Lecoin, anarchiste célèbre, entame une grève de la faim jusqu'à la mort pour obtenir un nouveau statut des objecteurs de conscience, des amis me disent : « Il ne faut pas le laisser mourir, allez trouver de Gaulle. » Je vais trouver de Gaulle à l'Elysée. Il me répond : « Faut-il qu'ils soient bêtes, ces députés, pour s'obstiner à vouloir mettre en caserne des types si sincères qu'ils en sont convaincants ! Des objecteurs qu'on a mis en prison deux fois, trois fois, ils sont bons à démoraliser l'armée quand nos troupes ont d'autres soucis. » Et le Général ajoute : « Quant à M. Lecoin, dites-lui que, bien entendu, je ne partage pas ses opinions, mais que j'ai pour son courage le plus grand respect. »

Le statut des objecteurs de conscience fut voté. Il était imparfait, mais au moins il était là.

BERNARD KOUCHNER : D'où vient donc ta déception du milieu politique ?

ABBÉ PIERRE : Je n'avais pas d'illusions. Je savais y trouver des gens soucieux du bien public, et d'autres plus soucieux de leur propre bien, dévorés par l'idée de mener une carrière. Même dans la Résistance il y avait des ambitions. Au Parlement, je n'ai pas été déçu, j'ai été conscient de mon inutilité, si ce n'est rendre service à des familles pauvres, permettre à des gens qui n'avaient pas de piston de faire avancer un dossier...

Bernard Kouchner : Tu as bien une philosophie politique...

Abbé Pierre : Je répète constamment à la jeunesse : « Vous n'avez pas le droit de dire : la politique est malpropre, je ne m'en mêle pas. Vous devez vous préparer à accepter des responsabilités, depuis le conseil municipal de votre village jusqu'à l'Elysée s'il le faut, si c'est possible. Mais il faut être conscient que la politique, plus que jamais, est une science, qu'elle suppose des connaissances en économie et dans les relations internationales. Ce que je dis, ce n'est pas de vous en mêler dans l'immédiat, quand vous êtes encore à l'école, mais écoutez! Avant tout, travaillez. Vous allez devenir mécanicien ou avocat, eh bien, travaillez pour devenir le meilleur dans votre gagne-pain. Alors vous serez crédible, écoutable, supportable si vous êtes le meilleur du patelin dans votre domaine. Autrement, bouclez-la. Votre action politique commence comme ça : devenez des personnalités, même dans la boulangerie. »

Le premier devoir envers la collectivité, c'est d'être digne de s'en occuper.

L'expérience m'a prouvé qu'au-dessus d'un certain échelon on n'est pas plus un bon politique par devoir qu'un bon musicien par devoir. Il faut en avoir le goût. Pour celui qui n'a pas en tête l'unique idée de s'engraisser et d'en tirer des profits, c'est ingrat. Deux de mes collègues ont été élus à la première Constituante pour faits de Résistance. Ils avaient des enfants et ils sont venus me trouver l'un après l'autre en me disant : « Je manque à mon devoir de père de famille, j'ai des garçons, j'ai des filles... » A l'époque on n'allait pas en avion de Paris à Marseille, et le député du Midi passait une nuit entière dans le train pour revenir dans sa circonscription. « A peine arrivés chez soi, me disaient-ils, on sonne à nos portes, et c'est un défilé de curés, de maires, de conseillers généraux qui viennent réclamer un service. Ce n'est plus une vie, on en oublie nos enfants. »

Ils ont démissionné tous les deux.

Et moi, je dis : « Préparez-vous. Il y aura des périodes où vous ne pourrez pas prendre des responsabilités dévorantes. » Parce que c'est dévorant, la politique. On comprend pourquoi, sous la IIIe République, il y avait si peu de pères de famille parmi les hommes au pouvoir. Donc, pas d'illusions.

BERNARD KOUCHNER : Quel homme politique donnerais-tu en exemple? En modèle?

ABBÉ PIERRE : Robert Schuman. Il est arrivé jeune avocat au Parlement, il y est resté jusqu'à sa mort, il a occupé les plus hautes charges, il n'a pas fait fortune, sa seule richesse c'était, dit-on, une exceptionnelle bibliothèque franco-allemande, parce qu'il avait été à l'école primaire allemande de Metz et se passionnait pour l'Europe. Cet homme désintéressé, quand on le nommait ministre, il jubilait, il était à son affaire, il était doué pour ça, il connaissait toutes les chausses-trapes, il savait détourner les vacheries, il savait gouverner. Il paraît qu'à Rome on parle de le canoniser.

BERNARD KOUCHNER : Ce serait très intéressant! Il n'y a pas eu de saint politique depuis belle lurette!

ABBÉ PIERRE : L'esprit de devoir ne suffit pas. Il y faut en même temps la compétence, et là j'étais zéro. Je n'ai eu aucun regret en quittant le Parlement puisque je n'avais pas eu le désir d'y entrer. En réalité, il est plus utile d'avoir été député que de l'être. Le jour où on ne pose plus sa candidature, on est libre, sinon on reste suspect dans toutes les initiatives qu'on lance. Les gens pensent qu'on calcule, qu'on veut gagner 2 % d'électeurs en plus...

BERNARD KOUCHNER : Comment définis-tu la politique? La recherche du bien commun?

ABBÉ PIERRE : Oui, c'est évident, et ça demande énormément de réalisme, avec une notion claire de ce qui est possible. Robert Buron disait ce mot : « C'est rendre possible ce qui est nécessaire. » Moi je dis, c'est savoir à qui on prend du fric pour le donner à qui! Tout ce qui est nécessaire n'est pas faisable. Quelles que soient la droiture, la compétence, la bonne volonté, il y a des limites : ce sont les faits. Bon, on ne va pas résoudre le chômage et le problème de trois millions de malheureux en changeant de gouvernement. L'imprudence serait de laisser grimper des gens trop brillants dans la carrière politique sans être sûr de leur désintéressement. Le pouvoir rend fou. Après quelques années, on voit les hommes changer, quand ils sont près du sommet.

Le pouvoir, c'est le cheval qui permet de faire le trajet et qu'après on laisse tomber. On a un but, on prend les moyens sans hésiter.

BERNARD KOUCHNER : Tu as connu Mendès France?

ABBÉ PIERRE : Le peu que je l'ai connu, j'ai admiré la façon dont il oubliait les outrages et les insultes si le bien commun le demandait. Il a accepté de prendre de grosses responsabilités après Diên Biên Phu. On m'a dit : « Il était tellement invraisemblable que Mendès soit appelé au pouvoir étant donné les hostilités qu'il soulevait. S'il n'y avait pas eu une sorte d'unanimité du pays à l'hiver 1953-1954, on ne l'aurait jamais appelé. Il a fallu cette unanimité contre la misère, où la droite et la gauche se rencontraient, où les gens apportaient leurs dons... » Ça m'a beaucoup ému, qu'on me dise ça, et ce n'est pas insensé. Dans le subconscient des peuples il peut y avoir, en effet, des suites imprévisibles quand on bouscule certains clivages, une certaine convention. « Celui-là ? Jamais ! » On ne songe pas un instant que Mendès va accepter le pouvoir, eh bien si, et il monte à la tribune : « Si dans un mois je n'ai pas fait la paix en Indochine, je démissionne. » Le lendemain il prend l'avion pour aller voir Bourguiba et nous épargner une guerre en Tunisie...

BERNARD KOUCHNER : Tout en préparant l'indépendance du Maroc.

ABBÉ PIERRE : C'est ça. C'est très israélite. On retrouve cette capacité d'être attentif à une multitude d'aspects chez beaucoup d'artistes géniaux... Une anecdote pour éclairer cela. C'était pendant la guerre. Une jeune femme refoulée de Suisse est blessée par les Allemands qui la laissent sur place. On la ramasse, on l'emmène à l'hôpital de La Tronche à Grenoble et on me prévient. Elle était enceinte, elle me parle : « J'ai un cousin, juif comme moi, mais il est devenu chrétien, il est à Marseille chez les dominicains. Je voudrais que vous l'informiez de mon état. » J'avertis le cousin. Il arrive à l'hôpital. Il visite sa parente. Nous repartons ensemble en tramway. Sur le marchepied, en passant devant la cathédrale, ce dominicain juif me dit soudain : « Je vous en prie, ne vous lassez pas d'aider mes frères... – Mais pourquoi je me lasserais ? » On n'avait pas le temps de faire de longs discours, accrochés à ce tram qui allait démarrer en faisant du vacarme, alors il m'a dit : « Parce que... parce que... ils sont ferment, le ferment ! »

Extraordinaire. Ça m'a apporté un éclairage sur le fait juif : ils sont ferment. Même l'homme le plus loyal du monde, s'il est juif, quand il vous parle vous sentez qu'il a derrière la tête autre chose, qu'il perçoit des conséquences, des circonstances à ne pas manquer. « Ils sont le ferment. » Ce qui les rend haïssables pour les antisémites et ce qui les rend si attachants pour d'autres. Ce mot m'a éclairé plus que cent bouquins. « Ne vous lassez pas d'aider mes frères... »

BERNARD KOUCHNER : Je crois comprendre ce que tu veux dire. Chez les juifs, même derrière les choses insignifiantes, il y a une dimension éternelle. Pourquoi ? Parce que c'est la trajectoire du monde, la persécution, la fuite sans cesse et la survie. Parce que chez les intellectuels, chez les penseurs, on trouvera une réflexion sur la souffrance, une réflexion sur la mémoire, sur l'humanité au-delà des frontières. Quand tu dis ferment, eh bien, c'est vrai. Cette dimension universelle ne vient pas seulement de l'holocauste mais des chemins parcourus. Ils sont le ferment pour ce qu'ils nous ont obligés à faire. Ils sont ton ferment parce que toi, tu as fait passer des juifs par-dessus une frontière et qu'ils t'ont fait entrer dans la Résistance. Parmi les juifs que tu faisais passer dans les montagnes, il y avait sûrement des commerçants ordinaires. Seulement, dans la vie, les commerçants ordinaires n'ont pas besoin d'être aidés par l'abbé Pierre. Les commerçants ordinaires, quand ils ne sont pas juifs, ils n'ont que leur destinée de commerçants. Lorsque les commerçants sont juifs, ils ont comme destinée d'être passés en montagne sur des routes impossibles par l'abbé Pierre ou de mourir à Auschwitz, ce qui nous donne et ce qui leur donne une dimension sacrée. Je pense que les juifs ont un devoir supplémentaire, un devoir de plus que les autres hommes. Je pense que les juifs sont chargés d'être justes. Je pense que les juifs, parce qu'ils ont eu connaissance de ce qui est arrivé aux leurs, ne peuvent pas seulement profiter de la vie comme les autres.

ABBÉ PIERRE : Tu ne parles pas seulement de la Shoah, n'est-ce pas ?

BERNARD KOUCHNER : Je parle de quarante siècles d'histoire, je parle de la diaspora, je parle des pogromes.

Mais je pense cela aussi pour les Arméniens et, toutes proportions gardées, victimes d'une occupation et non d'un génocide, pour les Palestiniens. Il y a un certain nombre de peuples chez qui se condense la représentation du destin des hommes. On peut le dire de beaucoup d'autres. Les Indiens d'Amérique, par exemple. Dans le film *Danse avec les loups*, ce qu'il y a de formidable, c'est cette différence entre les anciens westerns et les nouveaux, la dimension des droits de l'homme : la dimension morale. Dans les anciens westerns, les Indiens étaient des salauds, et les cow-boys des gentils, mais pourquoi ? Il y avait une dimension morale et une dimension des droits de l'homme des cow-boys aussi ! Ils fuyaient les malheurs et les persécutions d'Europe. Il y avait des Irlandais qui fuyaient la famine, on peut très bien imaginer qu'il y avait aussi quelques juifs parmi les cow-boys. Et ils arrivaient pour massacrer des Indiens, c'est l'histoire du monde.

En clair, on est toujours le juif de quelqu'un. Et c'est aussi pour cela que je pense que chaque homme est un génocide. Je suis tout à fait persuadé qu'il y avait des cow-boys juifs qui tuaient des Indiens.

Et si tu essaies d'expliquer à un Indien ce qu'est un juif, tu as du boulot...

Les trois bombes d'Albert Einstein

ABBÉ PIERRE : Quand j'étais président au Comité exécutif du Mouvement fédéraliste mondial, on m'avait demandé de venir clôturer un congrès aux Etats-Unis, à Minneapolis. Je ne parlais pas anglais mais tant pis, j'y suis allé. Là-bas un universitaire m'a demandé si ça me plairait de rencontrer son ami Einstein. Bien sûr. Nous avons donc été à Princeton, dans sa modeste maison de bois, et nous avons passé l'après-midi ensemble. J'ai interrogé Einstein. Je voulais qu'il m'explique ce que l'énergie atomique apportait de neuf, si son usage était réservé à l'armée. Il était confus d'avoir offert un tel pouvoir à des gens aussi infantiles. Il m'a dit : « J'ai refusé avec obstination de coopérer avec les militaires, et puis les services secrets m'ont prouvé qu'Hitler allait disposer de l'arme atomique grâce à l'eau lourde, et qu'il n'hésiterait pas une seconde à s'en servir. Alors j'ai obéi. Je suis responsable des bombes qu'on a jetées sur Hiroshima... »

Einstein m'a affirmé ce jour-là qu'il y avait d'autres explosions plus redoutables que la bombe atomique. L'explosion biologique pour commencer.

Les progrès de la médecine freinent la mortalité infantile, mais la natalité continue à progresser dans les pays les plus misérables : c'est souvent une nécessité d'avoir des enfants, des bras pour travailler la terre et résister à la tribu hostile d'à côté. Avant, huit gosses sur dix mouraient bien avant d'atteindre l'âge adulte, mais aujourd'hui on les soigne, on les nourrit mieux, et ces peuples quadruplent en une génération. Einstein en était certain : « C'est là que l'équilibre hypocrite du monde va basculer ! » Parce que la vie l'emporte toujours. La guerre du Viêt-nam en est un formidable exemple. Dans le dernier *Quid*, on donne pour la première fois le tonnage des bombes jetées sur ce pays pendant la guerre avec les Etats-Unis. Eh bien, c'est dix fois plus que ce qui est tombé en Europe pendant la Deuxième Guerre mondiale.

BERNARD KOUCHNER : J'ai vu en Indochine les cratères qui parsemaient comme sur la lune la surface de la plaine des Joncs et de la plaine des Jarres. Curieusement, ces nappes de bombes étaient peu efficaces et les Américains ont perdu cette guerre. Hélas, les démocrates vietnamiens aussi, et apparurent les boat-people...

ABBÉ PIERRE : Oui, mais c'est quand même stupéfiant : c'est la vie qui l'a emporté sur la mécanique guerrière.

Après m'avoir parlé de l'explosion de la vie, plus grosse de conséquences que celle de la matière, Einstein a continué en me décrivant ce qu'il a appelé l'explosion psychique. L'explosion de la connaissance. Tout le monde sait tout. Autrefois, quand la terre tremblait au Caire, il fallait attendre que des navigateurs en reviennent pour nous le raconter, et ils rapportaient des témoignages contradictoires. Mais nous, aujourd'hui, nous entendons la nouvelle dans notre voiture au moment où cela se produit, et lorsque nous arrivons chez nous pour le déjeuner, on nous montre déjà les premières images à la télévision. L'humanité est devenue un village.

BERNARD KOUCHNER : Vive l'information, donc la démocratie! C'est grâce à elles que nous pourrons peut-être un jour prévenir les massacres, agir à titre préventif!

ABBÉ PIERRE : Oui, mais Einstein me disait que ceux qui souffraient allaient commencer à souffrir de souffrir. Ils allaient comprendre qu'il y a des moyens d'abattre leur misère, et ils ne toléreraient plus leur situation.

Parmi nos chiffonniers, même les plus analphabètes – il y en avait quelques-uns – quand nous vivions sur les tas de gadoue à trier les ordures, même les plus ignorants faisaient cette expérience. Ils trouvaient des revues, ils les rapportaient et le soir, sous la tente, ils passaient leur veillée à regarder les photos de belles voitures, de belles maisons qui leur mettaient l'eau à la bouche et leur faisaient désirer des vêtements, des logements...

Je me rappelle un ami qui est marié avec une Chilienne. Il vit au Chili, on lui a confié l'exploitation d'une partie d'un très vaste domaine, le tout gouverné par le grand-père, un patriarche. Quand l'électricité a été installée sur la route, près des logements des ouvriers agricoles, mon ami a acheté un lot de petites radios à quatre sous, il les a données aux ouvriers, puis il a fait bétonner la terre battue de leurs cabanes. Le patriarche a convoqué un conseil de guerre familial et l'a menacé de le déshériter, parce qu'il allait donner des idées aux ouvriers ! C'est énorme !

Plus rien n'empêchera désormais les humains d'avoir des idées.

Il y a des crétins dans les salons et il y en a aussi dans les bidonvilles, mais dans les bidonvillles, il y a également des gens qui étaient doués pour faire Polytechnique.

Notre conversation, à Einstein et moi, portait là-dessus. Un monde complètement neuf commence.

Il me disait que cette explosion psychique, cette explosion de la connaissance, transformait les gens. Et il prenait cette comparaison : quand l'eau devient de la vapeur, elle reste la même matière, mais elle n'a plus les mêmes propriétés et on ne peut plus l'utiliser de la même façon. Dans une banlieue où les jeunes sont mal logés, où ils n'ont pas de travail, au moindre incident la colère éclate, il suffit d'un rien pour que tout s'enflamme. Viennent immédiatement s'ajouter à cela les vrais filous, ceux qui brisent les vitrines et emportent les objets de valeur. Mais il n'est pas vrai que tous les casseurs soient des voyous. Beaucoup sont des désespérés, de l'eau devenue vapeur. Il est essentiel de s'occuper de cette cause.

BERNARD KOUCHNER : Et de la bombe démographique. On connaît les chiffres : en 2025, d'après l'ONU, nous serons près de huit milliards et demi d'humains sur la terre.

L'idée qu'on puisse assurer la nourriture permanente à un nombre indéfini d'individus est périmée. Et l'idée qu'on puisse assurer le bonheur industriel à un nombre indéfini est périmée aussi. Faute de production, et aussi à cause de la pollution.

Alors, deux solutions. Ou une approche démographique, une prise en charge du contrôle des naissances. Les résultats sont limités mais encourageants, on constate un vrai progrès, la bataille n'est pas perdue.

Ou, bien entendu, on ne fait rien et on s'en remet à cette vieille régulation des siècles passés, la maladie. Certains s'imaginent que le sida est chargé de cette régulation. C'est intellectuellement, moralement et humainement scandaleux. De toute façon, mathématiquement, c'est idiot. Hélas, c'est vrai que beaucoup vont mourir, mais pas dans des proportions qui résoudraient la surpopulation. Tu connais la trop rigide position du pape?

ABBÉ PIERRE : Oui. Il y a plusieurs aspects. D'abord l'avortement. Lorsque le débat était à son maximum en France, j'avais été frappé par la déclaration d'un homme unanimement estimé comme résistant, comme savant et comme catholique, le professeur Milliez. Il avait tenu à dire que, dans sa vie de médecin chrétien, il avait une fois pratiqué un avortement. Il condamnait l'avortement. Mais il savait, pour l'avoir vécu, que dans certaines circonstances le refus de l'avortement pouvait avoir des conséquences indescriptibles : non seulement le trouble d'un couple et d'un foyer, mais la destruction de tout un ensemble de valeurs.

Il y des cas où un chrétien peut considérer qu'hélas l'avortement est le moindre mal.

Sur la pilule, j'ai exprimé mon avis dès les premières heures, et je le répète dans mon testament auquel je travaille et qui sera adressé au président de l'épiscopat. Je ne défends pas du tout qu'on le publie, au contraire il faut que cela soit disponible pour les gens qui sauront en faire usage. Je raconte ceci.

J'étais député de Nancy et à Rome vivait le cardinal Tisserand, dont le père avait été bibliothécaire à Nancy. J'avais rencontré plusieurs fois le cardinal à Rome, et un jour, il me demande si je suis libre l'après-midi et m'emmène voir son diocèse de banlieue.

Il avait fait construire des maisons pour des familles nombreuses, mais quand je dis nombreuses, c'est à l'italienne, douze ou quinze marmots. Là, devant ces bâtiments, il me dit : « Vous êtes au courant des travaux que font les Américains sur une plante de Porto Rico qui empêcherait la fécondité ? Elle est efficace à 98 % et on examine comment on peut la reproduire en laboratoire. N'est-ce pas merveilleux, au moment où pour la première fois notre planète s'inquiète de la surpopulation, que la Providence nous fasse découvrir dans la nature un produit qui peut arrêter la conception ? » Ensuite il m'a donné une tape sur les genoux et il a ajouté : « Qu'est-ce que nos moralistes vont encore inventer pour affirmer que ce n'est pas bien ? »

BERNARD KOUCHNER : Plutôt étonnant, pour un cardinal !

ABBÉ PIERRE : Nous, dans nos manuels, nous apprenions que le mariage avait deux finalités, la procréation et le soutien mutuel des époux. Or il est certain que ce soutien mutuel implique un juste équilibre entre la procréation et le plaisir pas nécessairement fécond, et je pense qu'on a beaucoup trop oublié cela... En un pays de misère générale, j'ai accompagné une dame qui assistait les pauvres gens des bidonvilles, ces populations qui végètent sous les arches du métro aérien, dans des cabanes en bois. A l'intérieur, une vieille femme enroulée dans une couverture nous a reçus et, derrière elle, est arrivée une fillette enceinte de treize ou quatorze ans. Après cette visite, la dame m'a dit : « Quand je vois ça je dis qu'il serait temps de donner la pilule aux adolescentes, et je la donne. Je suis une bonne catholique, mais sur cela je n'obéis pas. » Il est probable qu'on ne connaissait même pas le père et certain que la petite était en effet incapable d'élever son enfant. Le soir, je raconte mes impressions au cardinal de ce pays, il me dit : « Mon père, si vous avez l'occasion d'en parler avec le Saint-Père, dites-lui cela. Nous, nous y avons renoncé. » Très écrasant, nous y avons renoncé.

BERNARD KOUCHNER : A un pape polonais cramponné à sa doctrine il n'y a rien d'autre à demander, même si par ailleurs, il reste très ouvert sur les nécessités de changer le monde...

ABBÉ PIERRE : Par bien des côtés c'est un être admirable, mais il a été formé, c'est vrai, dans le catholicisme polonais enfermé dans le communisme. Après l'avoir vu pour la première fois, j'ai parlé à un vieux cardinal. Je lui ai confié : « L'intensité de son écoute m'a impressionné. » Ce vieillard, qui avait été un intime de Paul VI, a grogné : « Oh oui, il écoute, oh oui, mais il ne demande pas conseil. » C'était presque au début du pontificat, et je pensais que Jean-Paul II modifierait son comportement au contact de ces prélats qui venaient à lui du monde entier, qu'il faudrait peut-être dix ans. Mais non, le temps a passé et je n'espère plus. Son originalité aura été de resserrer les écrous de cette vieille machine qu'est l'Eglise... Et ce n'est pas rien de toucher à cette mécanique bi-millénaire.

BERNARD KOUCHNER : Je me sens plus près du pape depuis qu'il a imposé, au moins proposé, le devoir d'ingérence à tous les chrétiens du monde et qu'il m'a confirmé voir dans le droit d'ingérence une avancée essentielle de l'humanité. Cette prise de position claire est un événement politique majeur. Grâce à cette résolution, je suis sûr que nous y arriverons un jour, avant la fin du siècle, trop tard, hélas, pour Srebrenica et le Haut-Karabakh ! Mais sur le préservatif, quel esprit rétrograde !

ABBÉ PIERRE : L'un de mes frères, qui est décédé maintenant, est allé poser un cas de conscience au cardinal de sa ville. Il lui a dit qu'il connaissait un jeune ménage très croyant, très courageux, très dévoué, qui avait un petit revenu et un petit logement. Il y avait déjà six enfants au foyer, comment accepter une nouvelle naissance sans compromettre la famille entière ? Que fallait-il leur dire ? Le cardinal a répondu à mon frère : « Qui questionnez-vous ? Le cardinal ou le directeur de conscience ? Si c'est le cardinal, je dois vous rappeler la perfection héroïque à laquelle nous invite l'Evangile. Maintenant, si vous consultez le directeur de conscience, mon devoir est d'examiner les réalités : si en refusant la pilule on risque un enfant tous les deux ans, dans ces conditions, je n'hésite pas à vous autoriser d'utiliser les moyens de contraception les plus naturels possible. La pilule, après tout, est chimiquement constituée à partir d'un produit naturel. » Ça m'avait choqué sur le moment, j'avais une impression de duplicité, mais n'était-ce pas de la sagesse? Il ne faut pas taire l'appel à la perfection, puisqu'il y en a qui choisiront d'être moines et de faire le vœu de chasteté. Ne pas le taire, mais, en même temps, ne pas vouloir le généraliser.

BERNARD KOUCHNER : Quand j'ai demandé au pape de préciser sa position sur les préservatifs et sur le sida, il m'a dit : « Je ne vous demande pas de partager mon sentiment, personne n'est obligé d'écouter les Evangiles... » On ne parle pas de préservatifs dans les Evangiles. Alors je lui ai dit : « Ecoutez, je suis très embêté parce que, ministre de la Santé, j'envoie des tonnes de préservatifs en Afrique, à des médecins chrétiens qui vous aiment et qui refusent pourtant d'appliquer vos recommandations. Pour eux, suivre vos paroles c'est tuer des gens sciemment. J'en envoie aussi à des curés, à des Pères Blancs que je connais et que j'apprécie, qui m'ont tant appris. » Il m'a répliqué : « Personne n'est obligé d'entendre ma parole, chacun a sa conscience. Moi je suis l'Eglise, elle ne se distribue pas en pièces détachées, il y a une doctrine et je la rappelle. » Je lui ai demandé s'il condamnait mes amis et il m'a affirmé : « Je ne condamne personne. »

J'avais déjà rencontré le pape au Salvador, en

pleine guerre civile, très courageux, déterminé. Depuis il a acquis une densité supplémentaire. Il est tout de même très impressionnant, il écoute mais ne semble pas entendre : il ne se détourne pas de sa pensée, comme tu le dis.

Le pape, et surtout le cardinal Angelini qui règne sur vingt-cinq mille dispensaires et hôpitaux dans le monde font un travail considérable. Ils réprouvent brutalement la pilule postcoïtale d'Etienne Beaulieu qui les préoccupe terriblement. Ils ont tort : on l'expérimente officiellement jusqu'au Bangladesh, un pays à forte domination musulmane! Là-bas, on ne peut pas remuer tellement il y a de monde. Dès qu'une île émerge dans le delta du Gange, on l'occupe, malgré les typhons, malgré les risques mortels. C'est la plus grande densité de population après Calcutta : il faut bien agir. On peut proposer cette pilule aux jeunes femmes qui craignent d'être enceintes. La doctrine de l'Eglise reste insensible à ces problèmes. C'est une doctrine violemment oppressive pour les hommes et les femmes des pays pauvres. Elle édicte : Chasteté, Abstinence, Amour... Ce sont des lois préhistoriques! Les lois des princes de l'Eglise. Les ont-ils toujours respectées? Je ne connais aucun prêtre intelligent qui accepte de tels préceptes, et j'en ai vu pas mal, en Afrique, en Asie, en Amérique.

Celle qui m'agace, même si je l'aime bien, c'est la mère Teresa. Au Guatemala, je me souviens, elle a été reçue dans un stade immense, elle est arrivée devant la foule, malade, coudée comme un vieil olivier, elle a touché les malades grabataires alignés devant elle. « Lève-toi et marche. » Ils ne se sont pas levés! Enfin, passons. Elle a commencé à parler très bas, comme toi tu sais si bien le faire... Personne n'entendait. On croyait qu'elle allait rendre l'âme, mais elle s'est redressée et, à la fin, d'une voix fracassante, elle s'est mise à prêcher... Il y avait bien vingt mille personnes. Et que leur annonce-t-elle? « Le grand danger, au Guatemala comme au Bangladesh, ce n'est pas la pauvreté, c'est l'avortement! » Inimaginable!

ABBÉ PIERRE : C'est insultant, oui, c'est se moquer des gens, c'est leur parler une langue étrangère... En mars 1992, Mgr Franz Kamphaus, évêque de Limbourg-sur-la-Lahn en Allemagne, a écrit un texte dont je te lis deux phrases : « Récemment, le cardinal Ratzinger a déclaré à juste titre : *Sur le problème de la population mondiale, le magistère de l'Eglise n'a pas encore dit grand-chose d'utile.* »

BERNARD KOUCHNER : A part le pape, je ne connais que mère Teresa qui tienne de pareils discours. Au Soudan, chez les chrétiens, où j'ai tant travaillé au côté de mon amie sœur Emmanuelle, comme chez les animistes qui meurent dans la guerre, personne ne partage ses convictions. En plus, avec le sida, c'est grave. C'est criminel. C'est un cas de non-assistance à personnes en danger.

ABBÉ PIERRE : Lorsqu'on a commencé à parler du préservatif, j'étais dans l'une de nos communautés. A un journaliste qui m'interrogeait là-dessus, j'ai dit : le meilleur des préservatifs, c'est la fidélité, mais l'être humain trébuche, il est fragile, il doit se protéger de la contagion et préserver les autres, ne pas ajouter le crime à la faute...

BERNARD KOUCHNER : J'ai un autre argument qui n'a aucun rapport avec l'adultère. C'est l'hépatite C attrapée par transfusion. En France, elle concerne entre cinq cent mille et deux millions de personnes. Disons un million de transfusés contaminés. La moitié n'aura rien. Les cinq cent mille autres développeront une maladie du foie évolutive dont 5 % mourront. Or ces cinq cent mille ont des conjoints. Mariés, fidèles, bénis, tout ce qu'on veut. Dans un couple, Dieu vous autorise et même vous recommande de faire l'amour. Hépatite C, 10 % de transmission par voie sexuelle. Sans préservatif, tu inocules donc le virus à cinquante mille conjoints. Dont 5 % mourront, soit deux mille cinq cents. En refusant les préservatifs à ces couples, on assassine deux mille cinq cents personnes. Voilà! Tu te rends compte! Alors quoi, ils doivent tuer leur femme?

ABBÉ PIERRE : As-tu expliqué ça au pape?

BERNARD KOUCHNER : Malheureusement je n'y ai pensé qu'après l'avoir vu. Tourmenté par notre conversation, j'en ai parlé au cardinal Angelini, qui en est resté coi.

Il y a trop d'hommes sur terre, ça va aller très mal. Revenons à la démographie. Dans nos pays riches, plus on modernise les économies, plus on détruit le travail, plus on rend les hommes inutiles. Nous n'avons pas su nous adapter, nous n'avons pas compris que la machine allait remplacer l'homme, qu'elle coûtait moins cher, qu'elle ne protestait pas, qu'elle n'avait pas besoin de cantine, qu'elle travaillait plus et mieux. En même temps, on a supprimé des travaux que les machines ne pourront jamais faire. La bêtise a frappé fort. Au Japon, il y a des guides dans les grands magasins, et aux Etats-Unis des garçons d'ascenseur. Chez nous, les concierges disparaissent, et les pompistes, et plus personne ne parle à personne. Je n'ai pas oublié ce que disait le respectable et sinistre Michel Debré: « Il faut un pays de cent millions d'habitants! » Si la force d'un pays se mesurait au nombre de ses indigènes, l'Afrique serait riche. Non. La force se mesure au travail, à l'invention, à la détermination, à la constance, à l'obstination, voilà pourquoi l'Asie s'enrichit. En France, on a arrêté de se battre, on réclame...

La terre ne pourra jamais nourrir vingt milliards d'individus. On peut manger des algues? On peut empiler les gens les uns sur les autres? Qui parle de développement du tiers-monde sans évoquer la démographie est un menteur et un malfaisant. Qui est malheureux? Les Blancs riches ou les Noirs pauvres? Et les Noirs pauvres, ils vont venir piquer le pognon des Blancs riches pour pouvoir nourrir leur famille, pas pour le plaisir. Voilà l'affrontement de demain.

ABBÉ PIERRE: Nous serons contraints à d'autres partages internationaux. Il y a des boat-people entre Tanger et Gibraltar, déjà. En Afrique du Nord, la natalité galope, et ils ont des terres arides, sans fleuves, tout près d'une Europe fertile que Bruxelles conseille de laisser en friche. Giscard a un jour parlé d'invasion. Nous n'en sommes pas encore là, mais nos fils la subiront sûrement.

BERNARD KOUCHNER : J'ai rencontré des jeunes agriculteurs que cette situation préoccupait, et ils me disaient : « Nous avons une responsabilité mondiale pour l'alimentation. » Des jachères sur des terres aussi fertiles, non, ils ne comprenaient pas. Ces jeunes agriculteurs et les Maliens qui entendent ce genre de nouvelles à la radio ne peuvent-ils pas se rencontrer ?

ABBÉ PIERRE : Même si on fertilise les terres arides du Sud, il restera une grosse différence entre nos contrées. Au Sud, il y a une surabondance humaine. Nous nous réjouissons que les Américains et les Russes se soient mis d'accord, on commence à démonter les projectiles atomiques, mais personne n'a encore dit où on stocke le plutonium. Des généraux russes en vendent. Un type un tout petit peu dégourdi peut faire une bombe atomique dans sa cuisine, s'il a du plutonium.

BERNARD KOUCHNER : Ça ressemble à la chanson de Boris Vian, *La Java des bombes atomiques*...

ABBÉ PIERRE : Le jour approche où monsieur le Président de la République recevra dans son courrier une lettre qui lui dira : « Vénérable Monsieur le Président, nous vous aimons mais chez nous les gens ont faim et nous vous avertissons que dans un délai d'un mois, si vous n'ouvrez pas des négociations diplomatiques pour qu'un million de chez nous puisse venir partager les terres laissées en friche dans votre Europe fertile, l'Opéra sautera. Pour vous prouver que ce n'est pas de la rigolade, au placard 62 de la cantine de la gare du Nord, vous trouverez un modèle de nos bombes. » A quoi serviront les polices et les armées? Avec les histoires de prises d'otages, on ne pourra pas mettre un inspecteur derrière chaque fils de notable. Et la prise d'otage, pour faire du chantage, c'est l'avenir.

BERNARD KOUCHNER : Pour y répondre, il va falloir se battre, tu le crois?

ABBÉ PIERRE : Se battre militairement? Sûrement pas. C'est la pire des âneries.

BERNARD KOUCHNER : Toi-même tu t'es battu contre les envahisseurs, pendant la guerre.

ABBÉ PIERRE : Je me battais contre un dominateur, je ne me battrai pas contre des pauvres qui nous disent que leurs gosses ont faim!

BERNARD KOUCHNER : Si tu étais musulman, dans Sarajevo encerclée, qu'est-ce que tu ferais?

ABBÉ PIERRE : Ce que je ferais... ah, Sarajevo, je connais trop peu ce problème.

BERNARD KOUCHNER : N'échappe pas à la question! Si tu étais musulman à Sarajevo, ou à Srebrenica, ville martyre, encerclée par les Serbes qui voudraient prendre ta ville sans en avoir besoin, qu'est-ce que tu ferais?

ABBÉ PIERRE : Je me défendrais sûrement.

BERNARD KOUCHNER : Nous avons ce point commun, après tant d'autres fondamentaux, nous ne sommes pas des pacifistes!

ABBÉ PIERRE : C'est vrai, mais nous pensons qu'il y a une éducation universelle à promouvoir.

BERNARD KOUCHNER : Dans les territoires pauvres des continents perdus, le bonheur n'existe pas. Si la folle démographie tourne au drame, si l'alimentation ne suffit plus, si l'industrie piétine, il faut tout de même intervenir. Le tourisme n'est pas la solution. Ce malheur est profond, on ignore le comprimé de Nivaquine en Afrique pour prévenir le paludisme et tous les jours cinquante mille gamins meurent de faim. Parler de développement? C'est un leurre. Et puis, le développement, qui en détient la recette? Le développement se réduit souvent à de petites entreprises locales, avec des petits moyens, avec des petites gens, une petite obstination : c'est la méthode humanitaire... Le reste se nomme trop souvent prévarication.

Qu'en pensent les jeunes leaders africains? Ils réclament la démocratie. Ceux qui n'y croient pas, dans nos pays, font preuve d'un esprit colonial. Il n'y a pas que les élections. Il y a le village, le conseil des chefs, les associations de jeunes, les coopératives : de nouveau la méthode humanitaire est là tout entière, loin des gros budgets qui disparaissent on ne sait où dans les ministères. La Banque mondiale va assainir l'économie? Parfait. Avec quelles méthodes? Celles qu'on a employées au Mexique? La répression? Je me suis rendu plusieurs fois à la frontière mexico-américaine. On avait coupé les arbres, des voitures de police patrouillaient en permanence, mais les gens qui voulaient quitter le Mexique au risque de leur vie, comment pouvait-on les en empêcher?

Depuis, les Américains ont enlevé les barbelés et les flics, ils ont parlé d'un marché commun. Eh bien, faisons un marché commun mondial. Je salue les jeunes paysans français, catholiques ou non, qui ne parviennent pas à saisir pourquoi on les empêche de produire quand des gens meurent de faim. Il y a une urgence.

ABBÉ PIERRE : Nous devons apporter nos techniques pour mettre en valeur les terres stériles. Quand on voit qu'Israël a fait pousser des orangers et des champs de tournesol dans le désert, on a envie de s'y mettre. C'est vrai, il y avait là-bas un fort pourcentage d'intellectuels, d'experts, de techniciens qu'aucun pays au monde ne peut espérer...

BERNARD KOUCHNER : Se pencher sur la démographie, cela signifie qu'on s'intéresse aux hommes. Cela signifie qu'on va aider les gens chez eux, pour qu'ils y demeurent et s'y trouvent à leur aise. Imagine des jeunes français en formation, du bâtiment, de la mécanique, des travaux agricoles... On les appelle à l'armée et les voici au pied des Andes ou du mont Kenya, en Inde, au Cambodge, en Arménie... Ils apportent leur savoir, ils l'adaptent aux conditions locales, ils découvrent des techniques et des traditions, chacun s'enrichit au contact de l'autre. J'ai pensé qu'il fallait trouver au service national un nouveau souffle : l'universalité. Pourquoi ne pas servir la paix dans le tiers-monde? Ainsi est né le projet Globus, le service national humanitaire. Pas de diplômes de l'enseignement supérieur, mais une formation commune, un projet commun, un encadrement associatif: des rencontres et une utilité, un esprit antiraciste, une aventure utile pour la jeunesse perdue dans nos villes. Cinquante-six volontaires en 1991, deux cents l'année suivante, quatre cents cette année. Et s'ils étaient des milliers? Et si l'Italie, la Grande-Bretagne, l'Allemagne s'y mettaient?

ABBÉ PIERRE : Dans mon testament, je m'adresse à la jeunesse. Je dis aux jeunes qu'ils doivent se préparer à donner un ou deux ans de leur vie pour aider les pays pauvres.

BERNARD KOUCHNER : J'ai reçu des lettres de ces appelés d'un genre particulier, envoyées du Mali, écoute ça.

Voici Sylvain, dans un bourg de quatre mille habitants à cinq heures de taxi-brousse de Bamako. Il est réparateur de radios et télévisions. Sous la responsabilité de Compagnons sans frontières, il travaille avec trois autres jeunes gens, un mécanicien, un menuisier et un serrurier. Ils n'ont ni eau courante, ni électricité. Eh bien, avec des piles, des batteries de voiture, un groupe électrogène, courant après les pièces détachées, il bricole avec des Maliens, et il répare des radios, de vieilles télés noir et blanc, des appareils photo, des machines à écrire, des balances. Un trésor d'invention et de technique. Deux après-midi par semaine, il donne des cours d'électronique à un professeur de maths et à un professeur de technologie. Son but, dit-il, c'est d'être bientôt inutile : que les Maliens puissent aisément le remplacer à son départ.

Gérald est menuisier, il passe ses journées dans un atelier à ciel ouvert, trois établis, un petit patron, trois apprentis. De juillet à septembre, il va donner un coup de main dans les champs, parce qu'il reste plus important de rentrer la récolte que de travailler le bois. « Je trouve cela très agréable, écrit-il, néanmoins les travaux champêtres sont extrêmement pénibles, compte tenu du manque de matériel. » Il enseigne des techniques plus complexes aux Maliens, en échange il prend des leçons de bonne humeur et de chaleur humaine.

Tous nous racontent comment ils ont réparé une perceuse à colonne, fabriqué une plieuse ou une cisaille pour tôle, complété une indispensable potence pour soulever les moteurs de voiture, remonté une bicyclette. C'est formidable de travailler avec Moussa Faré, le chef des forgerons, et de créer une forge moderne. Partout le même problème : l'absence d'outils. « Mais finalement, dit Philippe, on finit par s'habituer à faire des travaux sans outils. »

Ils construisent des cases d'hébergement, ils s'efforcent d'organiser un bar sans frigo. Ils vont négocier des copies de films pour lancer un cinéma.

A Tabakoro, Aminata est responsable de l'alphabétisation en langue bambara des femmes et des jeunes. Elle nous dit : « Cette alphabétisation nous a beaucoup plu. A présent, nous prions Dieu pour que ces Blancs-là et les représentants de l'administration puissent continuer à nous aider. Le jour où cela a commencé, nous ne savions rien du tout. Mais aujourd'hui, la majorité sait écrire. »

« Tu as peur ?
– Pas encore »

ABBÉ PIERRE : La vraie souffrance, la souffrance physique, je ne l'ai connue qu'à soixante-dix ans quand on m'a opéré de la prostate. J'ai souffert les deux premiers jours où se referment les évacuations d'urine, mais comme je ne pensais pas qu'on puisse souffrir ! Je me croyais courageux, eh bien, c'est épouvantable.

BERNARD KOUCHNER : Souffrance, mot de définition fluctuante selon les latitudes. Tu parles de la douleur physique, de la maladie, mais il y a d'autres souffrances...

ABBÉ PIERRE : Ah oui, la souffrance psychique je l'ai connue, l'année où on a dit : « L'abbé Pierre est fou ! » J'étais surmené, après l'hiver 54. On avait reçu trois cent mille lettres en un mois, et un milliard en billets de banque qui arrivaient à nos chiffonniers, alors on s'est épuisés à mettre de l'ordre dans tout ça. Il fallait éviter qu'il y ait du scandale, que l'argent soit détourné : de temps en temps il y en a qui partaient avec la caisse. Et puis j'ai craqué. On devait m'opérer d'une hernie de l'estomac et on m'a envoyé à Genève pour éviter les journalistes qui m'assaillaient. Après cette opération, je me vois à la messe de minuit, étendu sur un chariot de l'hôpital, je n'existais plus. Je suis resté presque six mois dans cette clinique où vont les rois, au-dessus du lac de Genève. On m'a fait subir un traitement rarissime, non pas une cure de sommeil, mais une cure d'hibernation, dix jours dans l'état d'une marmotte en hiver, alimenté par des perfusions. Un beau jour, un médecin hongrois est venu s'asseoir au bord de mon lit et il m'a dit, après tout un tas de préambules : « Il faut vous résigner, vous ne pourrez plus jamais rien faire. » Et je me suis levé, je suis sorti. Je disais mon chapelet quand une pensée m'est venue tout d'un coup : même si je devais vivre jusqu'à quatre-vingts ans en ne faisant plus rien, avec l'enfance que j'ai eue, avec ce que m'a offert le scoutisme, ma vie de moine, la guerre, le Parlement et Emmaüs qui prenait de l'ampleur, je resterais un enfant gâté.

BERNARD KOUCHNER : Tu avais quel âge?

ABBÉ PIERRE : C'était en 1958, j'avais alors quarante-six ans, n'est-ce pas, et c'est étrange, mais après le verdict sans appel du médecin j'ai ressenti mon mal comme un sacrifice, pas comme un drame, et je suis rentré dans ma chambre de la clinique, je me suis étendu, je me suis endormi sans drogue, ça ne m'était plus arrivé depuis au moins un an.

Pour moi, la détresse suprême n'est pas physique. C'est la souffrance des autres qui m'importe. Je ne suis pas l'homme des champs de bataille, je sais, mais je sais aussi que la souffrance c'est le sentiment d'être de trop. C'est la situation de beaucoup dans notre jeunesse, de ceux qui n'ont aucun espoir d'être au-dessus du panier dans lequel on recrutera pour la société de demain, mais qui savent qu'ils sont en dessous.

Il n'y avait pas assez de logements dans l'immédiat après-guerre. On avait commencé en 1949 la première maison sans permis de construire, et quarante ans après c'est pareil, sinon pire, car à l'issue de la guerre on regorgeait de projets, et tout le monde pouvait les réaliser. Que sont devenus les projets, aujourd'hui? En reste-t-il? Récemment, ici même, un père de famille me disait : « Ce qu'il y a de dramatique c'est que nos fils et nos filles n'ont plus de rêves, ils ont l'impression d'être murés de tous côtés. » Quand moi j'étais jeune, le monde était ouvert, les types qui avaient la bougeotte pouvaient toujours aller aux colonies et ils ne s'y conduisaient pas toujours bien. Ils avaient besoin de créer, même une fortune malhonnête, mais de créer. On n'en a plus les moyens. A vingt ans on est condamné à rester chez papa-maman parce qu'on ne peut pas trouver de logement, pas une chambre pour aller avec la fille qu'on voudrait épouser. Qu'est-ce qu'ils font sur terre? La souffrance, la pire de toutes, elle est là.

J'ai reçu une lettre de Mantes-la-Jolie. Le père est au chômage, le fils est au chômage, et le jeune homme toutes les nuits tire son matelas sur le palier, parce qu'il ne peut plus supporter la cohabitation avec ses parents sans qu'il y ait querelle. Il ne supporte plus cet appartement où il a grandi. Il veut avoir un chez-soi, son chez-soi. On dit qu'il y a trois millions de chômeurs, mais combien de couples n'ont pas le double salaire, et combien d'enfants ? On en arrive à un total de près de dix millions de personnes qui se trouvent dépendantes, qui se trouvent de trop. Cette notion d'être de trop, c'est le signe le plus concret du désespoir.

BERNARD KOUCHNER : Cette histoire, cette vérité me bouleverse mais restons, si tu veux bien, sur la douleur physique encore un instant.

Les souffrances des uns ne sont pas les souffrances des autres. Pour un médecin il y a une manière commune et commode de juger de la souffrance. Il s'agit de la considérer comme semblable, puisqu'on souffre partout de la même manière, et comme irremplaçable : une crise d'appendicite est-elle la même en France et sous les tropiques ? Pas complètement. Je me souviens de ma première vision des patients qui arrivaient à l'hôpital d'Awo Omama, au Biafra... Nous avions essayé de débarquer la nuit sous les bombardements, mais non, impossible, nous sommes retournés à Santa Isabel, une île espagnole du golfe de Guinée, pour repartir avec un autre appareil. A l'aéroport biafrais, des explosions, nous devons nous abriter dans des souterrains. Nous étions fatigués. C'était la première fois que je rencontrais la guerre, la vraie, avec les blessés, le rituel de la bureaucratie et la peur. Des gens surgissaient dans la nuit, des barrages, des hommes un peu ivres ou drogués en tenues léopard... A l'hôpital, avant que nous puissions nous coucher, trente blessés sont arrivés. Une souffrance muette. Aucun d'entre eux ne se plaignait. Ils n'étaient pas résignés, non, ils acceptaient, ils vivaient avec la souffrance, et j'ai pensé que cette guerre était populaire, qu'ils y croyaient et qu'ils surmontaient la douleur. J'ai pensé à la manière dont les malades, dans l'hôpital parisien où j'exerçais, extériorisaient leurs angoisses et leurs maux personnels. Cela n'avait rien à voir. A l'hôpital d'Awo Omama les blessés étaient étalés par terre, dans un corridor, sous une véranda. En France, on aurait demandé une armée d'anesthésistes. Là, il n'y avait pas un bruit, pas un murmure, pas une plainte. Ce que j'en déduis? Les hommes souffrent tous mais l'expression de leur souffrance est complètement fonction de la géopolitique. Selon les latitudes, la psychologie, la distance par rapport à sa propre douleur est bien différente.

Ces guerriers ne se plaignaient pas. Nous les entendions pourtant jusqu'en France et c'est ce qui nous a déterminés à inventer Médecins sans frontières. Nous nous sommes intéressés à la souffrance des autres qui se manifestait de mille façons. Il semblait normal qu'au Biafra les hommes sachent affronter la douleur de la guerre, la douleur brute, la douleur qu'on comprend, et qu'ils sachent moins supporter ces inexplicables maladies qui surgissaient... On peut recevoir dans la cuisse un éclat d'obus sans broncher et redouter l'infirmière qui remplit sa seringue...

A ce propos me revient en mémoire l'hôpital que nous avions établi dans un immeuble du quartier de Bourg Hamoud-Nabaa, au Liban, chez des « Palestiniens progressistes ». Les chrétiens nous bombardaient. Ces soldats capables d'assassiner leurs parents et leurs voisins hurlaient dès qu'on approchait une seringue de leur bras. Je m'étais beaucoup interrogé sur cette souffrance acceptée du combat, primitive, et sur la frayeur que provoquait une seringue moderne. A qui appartient la souffrance des hommes? Aux autres hommes. La souffrance des autres a été le bon prétexte. Personne ne nous obligeait à entendre ces plaintes, à prêter l'oreille pardessus les océans, à lire la presse avec tant d'attention pour y deviner le moindre appel sous les ruines d'une ville. On n'entendait pas gémir les hommes, on le soupçonnait...

ABBÉ PIERRE : Je comprends pleinement, je suis très sensible à tous les problèmes du personnel soignant. Je ne pense pas tellement aux docteurs, mais j'ai eu affaire aux infirmiers, aux infirmières. Personne ne s'est vraiment habitué à penser que ces infirmières ne sont plus des bonnes sœurs. Pendant des siècles les bonnes sœurs soignaient dans les hôpitaux : elles n'avaient pas de problèmes familiaux, elles n'avaient pas à s'occuper de leur mari, de leurs enfants et du marché... Elles rentraient après leur service dans une communauté où d'autres avaient fait la cuisine, elles faisaient partie d'un tout, elles pouvaient vivre de très peu, n'est-ce pas... Je me rappelle une infirmière qui était bouleversée en me disant : « Mon père je ne suis pas raisonnable parce que c'est le métier que j'ai choisi, que j'ai voulu, mais hier est mort un type que je soignais depuis des semaines, et moi, je n'en suis pas guérie... » Elle l'avait vu mourir.

BERNARD KOUCHNER : Tu as tout de même vécu la guerre parmi des combattants...

ABBÉ PIERRE : J'y ai connu d'autres souffrances. Je n'oublierai jamais l'histoire de ce jeune juif qui était venu me trouver... Nous n'avions plus de formulaires vierges de cartes d'identité et de passeports, car on faisait des faux papiers. Il fallait quelques jours pour en obtenir par des amis de la Préfecture qui les piquaient en douce. Bon. Le jeune homme se cache. Au bout de deux ou trois jours, il vient dans l'escalier du presbytère et il me dit : « Je vous en supplie, j'ai besoin de ces papiers ! » Je me suis fâché. Je lui ai dit : « Tu es fou ! Si quelqu'un montait dans l'escalier? Tu veux qu'on soit tous pris? Tiens-toi tranquille, je te promets que ça ne va pas tarder. » Quand j'ai enfin été lui porter ses papiers, il s'était pendu. Peut-être parce que je l'avais grondé. Il le fallait pourtant, pour protéger le réseau...

BERNARD KOUCHNER : Tu penses souvent à la mort?

ABBÉ PIERRE : Ma mort à moi?

BERNARD KOUCHNER : Oui.

ABBÉ PIERRE : Chez moi, c'est une impatience.

Et si j'ai, depuis tout petit, envie de mourir – et puis ça ne réussit pas – si j'ai cette envie, ce n'est pas du tout morbide, négatif, c'est par une impatience de plein soleil et d'eau claire. Robert Buron et moi, on était très intimes et on se téléphonait souvent. A la fin de sa vie, un matin je lui dis : « Je viens de relire les dernières lignes de l'Apocalypse. Tu sais, les derniers mots sont *Maran atha.* Viens, Seigneur, viens. *Maran atha.* » Et il me répond : « Tu ne crois pas que cela doit être l'étymologie de *Y en a marre*? »

La mort, c'est la sortie de l'ombre. Mais pour toi, cher incroyant, ce n'est pas une espérance. Tu as peur?

BERNARD KOUCHNER : Pas encore. Mais je sais, comme le Jean Barois de Roger Martin du Gard, que plus ça se rapproche et plus on a peur.

J'ai décidé un jour, une bonne fois pour toutes, que personne n'était capable de me tuer. Peut-être serai-je démenti ? Beaucoup de gens ont essayé, avec de lourds arsenaux. Ma théorie ? Ils ne tirent pas si on arrive à les regarder dans les yeux. En tout cas un certain nombre de bandes armées très célèbres dans ce siècle ne sont pas parvenues à m'avoir. On a braqué sur moi des fusils de toutes sortes, on m'a plaqué contre des murs pour m'exécuter. Un jour, sur le plateau du Natron au Tchad, aux côtés de Mario Duran, j'aurais dû mourir. Le petit commandant le voulait. Je me souviens du bruit du vent sur le sable, alors que nous attendions la mort. Mario et moi nous entendrons ce vent longtemps encore. Je ne me crois pas immortel, bien sûr, il s'agit d'une attitude volontariste. Mais si la mort vient, ça me fera une surprise. Sur le chemin d'Alabja, au Kurdistan irakien, je parlais des infirmières françaises avec Danièle Mitterrand lorsqu'une voiture piégée, à côté de la route, a explosé. A deux secondes près, nous mourions. Ce sont encore des Kurdes qui sont morts, pas nous. Nous avons eu de la peine plus que de la peur. On avait essayé de nous tuer et on a assassiné des innocents juste à côté de nous. L'hôpital, et ces gens adorables et meurtris, c'était horrible. Depuis ce jour j'aime encore plus Danièle Mitterrand.

J'ai senti souvent le froid d'une arme contre ma peau, cette glace est la même quels que soient les continents. On se mesure plus à la peur qu'à la mort, d'ailleurs. Longtemps j'ai eu peur. Je croyais que j'allais mourir dans ces paysages insensés où me prenait la bataille. Puis la peur s'est estompée, et elle a disparu presque complètement. Il y a des méthodes : tant qu'on entend les balles et les fracas d'obus, c'est qu'on n'est pas mort. On se conforte donc dans ce bruit, je connais cela depuis longtemps. Mais des hommes meurent au milieu du même fracas. C'est aussi la mort des autres qui fait peur. J'ai un métier qui m'impose le commerce avec les autres. Médecin, c'est être avec les autres, médecin, c'est parler aux autres, les écouter, passer de leur côté, partager une chaleur, la technique, le réconfort et l'angoisse. L'échec, c'est la mort du patient. Avec les cancers, avec le sida, la mort dans les hôpitaux devient une chose fréquentée sinon fréquentable. Dans la tradition médicale française, qui est très mauvaise sur ce plan, on éclipse la mort, on doit la tailler en pièces, on l'oublie donc, on n'en parle jamais avec ses patients, on ment en permanence, on dissimule des résultats d'examens avec parfois la complicité de la famille, sans aucune dignité. Pourquoi cette dissimulation ordinaire? Pour donner de l'importance au médecin, pour le rassurer. En Calabre il y a des pleureuses aux enterrements, un sens du théâtre qui donne à l'événement plus d'humanité et plus de sentiments, de la douceur, l'attention émue des proches. Nous n'avons même plus ce rituel qui persiste en Italie.

J'arrive de Corse. Je viens de rencontrer les femmes de Furiani, toutes en noir, dignes. Ici, nous dissimulons. La mort est difficile à porter, dans nos régions, surtout pour un médecin qui devra la porter dix fois par jour : c'est son métier, après tout, sa fierté, son honneur, mais non, nous en sommes venus à considérer la mort comme une surprise, et on la repousse très vite. On passe à autre chose. Comme si la mort nous était étrangère. Par là on cherche à s'en défendre. Plus on s'agite, plus on fait le malin et plus on se croit immortel. Dans la dissimulation, dans l'apparat, dans les décorations on se croit immortel. Le médecin s'imagine loin de la mort, serviteur de la vie seule, or, si elle vaut d'être vécue, c'est parce que la mort lui donne un sens et une intensité. Je me souviendrai toujours de cette phrase que nous avions inventée à *Actuel* il y a vingt ans : « Quand on est mort, c'est pour la vie. » Ce n'est pas seulement une astuce ou un jeu de mots. C'est la vie qui façonne la mort et la rend acceptable, sans douleur et sans angoisse. Quand on est seul et qu'on se dit « Je vais mourir », le coup est rude, mais en famille, ensemble, en la considérant comme une étape normale et inévitable, revoici cette leçon des siècles passés que nous avons écartée. En médecine, douleur et mort relèvent du tabou. En Angleterre, dans les années soixante-dix, on a développé les soins palliatifs : lorsqu'on n'espère plus guérir, on accompagne le malade jusqu'à son terme. Etre présent, gommer la souffrance physique : depuis quelques années on se risque à donner en fin de vie des antalgiques majeurs, voire de la morphine. Quelle est cette société qui impose la douleur ? La société chrétienne. « Tu enfanteras dans la douleur et tu mourras dans la difficulté », voilà la règle à suivre pour gagner le paradis.

ABBÉ PIERRE : N'en rajoute pas. Il n'est dit nulle part « *Tu mourras dans la difficulté.* » Il n'y a qu'une règle à suivre pour gagner le Paradis : aimer tant qu'on en a la force, c'est tout.

BERNARD KOUCHNER : La médecine française cache la mort et, en même temps, l'hôpital est un mouroir. Ce pourrait être un lieu de vie, on irait de temps en temps pour y recevoir des soins, et puis on retournerait mourir dans son lit, entouré des gens et des objets familiers. Rien n'est plus beau que de mourir chez soi. Le médecin généraliste doit reprendre cette charge. Tout ce qui permet d'accepter la mort, de l'adoucir, de l'apprivoiser est admirable. Cette évolution, hélas, est chez nous bien lente. Ce serait une démarche humanitaire, en fait, que d'imposer des services de soins palliatifs. En Angleterre, des centaines d'équipes entrent chez les gens pour leur faciliter, à domicile, l'inévitable passage de la vie au trépas. En France, hors quelques équipes admirables, c'est le croque-mort qui vient le premier sonner à la porte. Comme ces pratiques m'affligent ! Tant de sécheresse et d'inhumanité...

Le sida révèle notre époque à elle-même. Les médecins ont jusqu'à présent trop voulu disposer des autres, avec prétention, et la plupart d'entre eux refusent d'administrer de la morphine. Pensez donc ! le malade, le moribond risque de s'y habituer. Le mort deviendrait accro... Et après ? Et quoi ? De quelle conscience êtes-vous le directeur, monsieur le docteur ? on va mourir. Pourquoi souffrir ? Ce n'est déjà pas facile de s'habituer à l'idée qu'on va disparaître, qu'on n'est guère plus qu'un petit bonhomme. Eh bien, non ! Souffrez ! Pourquoi les infirmières n'auraient-elles pas le droit d'utiliser des antalgiques ? Pour ne pas réveiller le médecin la nuit ?

Parce qu'il faut une autorisation suprême? Quelle culture! Les infirmières n'ont pas le droit de prescrire. Heureusement, avec précaution, elles passent outre. Faut-il un diplôme particulier pour soulager un mourant? Ou une morale?

ABBÉ PIERRE : Je sais qu'une infirmière n'a droit à aucune initiative médicale, mais je ne comprends pas pourquoi le médecin, dans les prescriptions qu'il laisse, ne préciserait pas qu'en cas d'aggravation intolérable de la douleur il faut administrer tel produit qui soulage cette douleur.

BERNARD KOUCHNER : A un moment donné, le malade sait qu'il va mourir. Il le sent. Accélérer sa mort, s'il souffre trop, cela ne se décide pas à la légère. Sait-on si le malade a encore des chances de s'en sortir et peut-on le prolonger? Dans quel état? Comment? Que souhaite-t-il? Qui décide? Est-ce trop tôt? Quand faut-il arrêter la machine?

C'est une décision individuelle. A Médecins du Monde nous avons aidé à mourir l'un de nos amis chers, qui avait tenté de se suicider. Nous étions tous médecins mais cela n'a rien simplifié quand il a fallu, à notre tour, décider d'arrêter la machine. Je m'en souviens, des couloirs de la Pitié, ce jour-là. Il s'agit d'intuition, de connaissance, de rapports avec la famille. Il faut choisir le moment. On ne peut pas codifier cette attitude, décréter à partir de quoi on aurait le droit d'achever un mourant. Je connais des suicidés qui ont laissé une famille dans la peine, qui auraient pu vivre encore, entourés d'amour. L'amour, c'est le maître mot, comme tu le dis si souvent, mon père.

La médecine est confortable pour le médecin, mais non pour le patient qu'on abandonne en chemin. On l'ôte à sa famille, on le fourre à l'hôpital, personne ne l'assiste. Moi, je suis plutôt le spécialiste de la mort des autres. Aurai-je un infarctus? J'y pense à l'occasion mais je n'y crois pas. La mort sans brutalité, à la fin d'une existence, c'est autre chose. Pour avoir été bien souvent au-devant de la mort je ne pense pas qu'on la connaisse mieux, elle, mais plutôt nos propres réactions et notre peur. Le mystère demeure entier. Ce qu'il y a après, voilà ce qui compte. Je connais la douleur, je connais les saignements, je sais établir le diagnostic, j'ai essayé de sauver et j'y suis parfois parvenu. J'en ai laissé mourir aussi. Plein de gens que j'ai laissé filer entre mes doigts.

Cela dit, dans mon adolescence, j'ai parfois pensé à ma mort, une mort de maladie. En supposant qu'un médecin m'ait annoncé que j'étais atteint d'une affection incurable, j'aurais décidé qu'alors je ne mourrais pas pour rien : j'aurais profité de mes derniers mois pour aller tuer un dictateur, un Franco, un Pinochet, un vrai salaud. Nulle chance de m'en sortir, mais au moins le contentement que ma disparition serve à quelque chose : la libération de beaucoup d'hommes.

ABBÉ PIERRE : Le tyrannicide a toujours été admis par la morale chrétienne. Saint Thomas d'Aquin l'admet dans sa *Somme théologique*.

BERNARD KOUCHNER : L'homme n'est grand que de la mort affrontée, choisie, risquée, parce que la joute impressionne. Folie! A cela aussi on s'habitue. La mort au combat, la mort du pilote de course, la mort dans les jeux du cirque, c'est aussi bête et noble que les tournois d'autrefois.

ABBÉ PIERRE : Dans tout ce que tu viens de dire, tu parles surtout des brutes, et des braves gens soûlés par la propagande qui s'entretuent. Puis tu sens le besoin d'évoquer, parce que cela fait respirer un autre air, la mort en jouant.

Ne faudrait-il pas reconnaître que très rares sont les humains qui ont la vaillance et le courage et la jugeote de penser la mort telle qu'elle est : la rencontre, enfin, sans ombre, sans limite, de ce qui n'a jamais cessé de crier en nous *Viens*! Nous y revenons, à ce dernier des mots de la Bible : *Viens.* J'ai lu il y a quelques jours cette pensée de Montherlant, qui s'est suicidé : « *Quand on a bien regardé la vie, il n'y a que le suicide ou Dieu.* » Dieu l'Eternel est Amour. Il nous attend pour la rencontre de l'Eternel Amour. La rencontre, voilà la grande différence.

Retour de mission

Bernard Kouchner : C'est une épreuve extraordinaire, quitter une guerre à l'autre bout du monde et revenir en France. Peut-être est-il plus facile de partir que de rentrer. Je n'ai jamais parlé de cela, sauf à mes amis, et encore. Je t'en parle, écoute moi, c'est un drame intime, et presque une confession.

Il y a toujours deux étapes : l'idée qu'on se fait du retour, et le retour lui-même.

Quand on est dans la nasse, les bombardements, l'hôpital démuni de tout, au Liban, en Afghanistan, en Amérique latine, on rêve de la France, et l'image en est belle. La France, vue de loin, tu imagines! Tout ce qu'elle compte de beauté, de douceur, de rayonnement, ce pays où l'esprit souffle, où la culture compte, où les gens sont sans doute vraisemblablement plus intelligents qu'ailleurs, même si souvent, ils utilisent mal leur intelligence. De loin, la France, c'est formidable. Mes missions, surtout au début, ont été physiquement épuisantes, très contraignantes, l'angoisse et l'amaigrissement, des kilos en moins, des insomnies, des maladies et le remords qui te taraude, les gens qui sont morts et qu'on n'a pas pu sauver.

Aller voir de si près la mort des autres, aller voir de si près dans les cercles les plus resserrés, aller tant de fois à Sarajevo pour s'enfermer dans le dernier cercle de l'enfer, n'est-ce pas, dans la nasse, je pense que c'est à la fois pour juger de l'abjection et ... Mais l'abjection, j'en ai fait le tour. Je sais que l'abjection est la règle et je ne suis plus étonné. Je me souviens d'un des derniers moments où nous avons vraiment failli mourir, en ouvrant ce corridor humanitaire entre Agdam et Stepanakerk. Les Arméniens de Stepanakerk nous attendaient de l'autre côté et nous passions par les Azéris d'une milice musulmane spontanée, d'effrayants sauvages. Et ces gens qui fouillaient nos affaires une par une, qui voulaient tirer pour un oui pour un non, qui ont failli tuer Marc Kravetz. Et ces abjects déserteurs russes qui conduisaient des chars et tournaient autour de nous... Je dis que je ne suis pas étonné par l'abjection, là, j'ai quand même été très étonné par le chef de la bande. Le type était vraiment singulier. Ah, il n'a pas torturé des enfants sous nos yeux, il n'a pas arraché des yeux comme dans Malaparte – j'en ai vu, des gens qui le faisaient exprès pour nous éprouver, j'en ai vu des gens qui tiraient, comme ça, pour prouver qu'ils le faisaient, j'ai tout vu. L'abjection, je l'ai beaucoup fréquentée, je l'ai apprivoisée. On aurait pu renoncer dix fois, on a mis trois jours à passer, cinquante mètres, dix mètres. Ces dix mètres qu'il fallait faire. Et pour prouver quoi?

Peut-être est-ce pour démontrer que les hommes sont infects? Les hommes sont infects.

D'accord, ce n'est pas ça.

Est-ce que c'est pour prouver que, dans le dernier cercle, l'homme – ou la femme – enfin, la créature seule, la victime verrait arriver la main secourable, verrait arriver l'ami, l'amitié, l'amour?

Quand ils arrivent au bout du monde, il y a des gens qui ont l'Evangile. Mon ami le frère Pousset, à Irbid encerclé en Jordanie, dans la guerre de Septembre noir il avait ça dans sa poche. Nous, on venait avec notre seringue, avec notre trousse, notre bistouri, voilà.

Au fond, je n'ai rien fait d'autre que de me dire que dans les baraques que j'ai visitées ensuite à Auschwitz et ailleurs, si quelqu'un avait poussé la porte dans les années de l'extermination pour dire « Je viens avec vous », le ciel aurait été moins vide.

Je sais : il y a quelques prêtres admirables qui l'ont fait à Auschwitz même.

Le retour, on y pense tout le temps, il commence dans la joie, avec un arrière-plan difficile : l'abandon. On laisse les hommes, les femmes, les enfants qu'on a voulu aider, ceux dont on a découvert les qualités et la chaleur humaine, qui ont cru en nous, qui ont cru en l'envoyé d'un monde plus riche et à qui on a donné l'espoir, et sans doute un petit réconfort. On arrive dans l'urgence, comme un sympathique vautour, à l'occasion d'une catastrophe, et on reste le plus longtemps possible, parfois pour toujours. On a eu accès à une intimité, à une tendresse, à une souffrance, à un besoin. On a appris quelque chose d'eux autant qu'ils apprenaient de nous. Et puis un avion, le départ, le vide.

Même si une équipe remplace l'autre, même si l'aide amorcée sera poursuivie, même si on n'oublie pas, ces hommes ont fait partie de nous, de moi, à un moment donné. Tu sais, les missions deviennent de plus en plus courtes au fur et à mesure des réussites, plus courtes pour les responsables comme moi par rapport aux équipes qui demeurent sur place. Et pour une seule raison : le bénévolat. Par ailleurs, il faut rentrer pour gagner sa vie ! Plus l'organisation fonctionne et moins on est impliqué sur le terrain. Pourtant, l'efficacité, le grand souvenir, c'est d'être là et de rester.

Le départ, je l'ai toujours vécu comme un déchirement et une trahison. Sur place, je promettais de revenir, et je suis toujours revenu, je ne crois pas avoir manqué à cette parole. Mais le retour en France, pays rêvé, pays de cocagne, cela fait aussi partie de la mission, de la découverte, de l'exaltation. Toujours une rupture fracassante.

Ça dépend des aéroports, mais il y en a un particulièrement inhumain : Roissy-Charles-de-Gaulle, une construction avec un camembert sur la tête, béton gris, fauteuils rapiécés recouverts du coq-de-roche qui était à la mode voilà vingt ans. On n'a pas le temps de s'arrêter pour rencontrer les amis qui nous attendent, on ne les voit pas venir, on est entraîné par une sorte de grand tapis automatique et on est traité comme un bagage. On arrive avec ses souvenirs, sa fierté, sa culpabilité, et le taxi qui nous emmène vous raconte la dernière grève, les embouteillages. On tombe de haut.

On se dit : « Quelle chance ils ont, ils ne se rendent pas compte. » On reprend le fil de la rumeur bougonne qui traverse la France. Je me souviens d'être resté une fois six mois au Liban : au retour, c'était comme si je n'avais pas quitté la France. On aurait pu gommer ces six mois, il ne s'était rien passé, je n'avais pas vieilli, Marseille avait été battu par le PSG, la plus grande nouvelle de la terre, la France s'était agitée, des petites phrases politiques, une polémique d'intellectuels, deux concerts rock dans les belles années. Cette France dont je rêvais dans la guerre lointaine s'émiettait au premier contact. Je dis cela sans acrimonie, sans aucun ressentiment envers le pays que j'aime, sinon je ne rentrerais pas ici, chez moi. Mais je me demande à chaque fois si les Français méritent leur chance. Historiquement, bien sûr, puisque la France a été cette nation universelle qui a marqué le monde. Mais quand je prends mes concitoyens un par un...

Je le reconnais : en rentrant de mission, j'ai souvent imposé un hermétisme, un mutisme à ma famille, à mes amis, aux gens que j'aimais, une sévérité et un silence qu'ils n'avaient en rien mérités. Avec intérêt, passion et amour, ils me demandaient de raconter ce que j'avais vu et je ne pouvais pas raconter. Il fallait une circonstance, un peu d'alcool, de l'exaltation pour que je parle, il fallait que j'étouffe mes sensations et mon cœur pour ne pas éclater en sanglots. Tu le sais, mon père, le contraste est tellement insupportable entre le monde de la misère et le nôtre. Si on prend tout ça au premier degré, ça se termine par un infarctus ou un trou qui saigne dans l'estomac. Les gens d'ici à qui l'on raconte la mort et la détresse de là-bas ne méritent pas de l'entendre : ils n'y étaient pas. Oui, je sais qu'ils ne sont pas responsables, mais j'ai tant envie de leur dire : « Vous avez une chance folle de vivre ici, et vous pourriez faire tellement plus. » L'homme est ainsi, le malheur des autres n'intéresse pas les uns, et le malheur des uns n'intéresse pas les autres.

Chacun ne connaît que son lopin, sa famille, ses amis à la rigueur, un coin de rue.

Il y a un homme qui m'a beaucoup aidé dans ce genre de situation, un ami de mon père, un artisan qui se nommait Adrien et qui habitait Belleville. C'était un ouvrier sertisseur. Il se promenait avec des diamants dans sa poche, enveloppés dans du papier hygiénique, et n'y prêtait aucune attention. Il vivait seul et se montrait un formidable conteur. Quand je rentrais de mission, j'avais envie de l'entendre raconter Belleville, les histoires des artisans, les rumeurs politiques. Je n'avais pas envie de parler, mais de m'identifier à ce monde-là, cette terre, cette France. Se taire : les gens n'auraient pas pu comprendre mes émotions et ce contraste.

Une fois, il y a peu, rentrant de Croatie, Vukovar et Dubrovnik, j'ai participé à une émission de télévision de Guillaume Durand. J'ai mal supporté, j'ai tranché : « Excusez-moi d'être grave, mais je vais vous dire, faites attention à votre frivolité, ne critiquez pas trop la politique et notre pays. Le monde est angoissant qui se resserre autour de vous. » Sur le plateau, le débat s'est suspendu. On s'est arrêté de persifler : « Je ne critique pas votre politique, a dit quelqu'un. » – « Vous pouvez critiquer ce que vous voulez », ai-je répondu, et cela voulait dire : « Critiquez-moi, critiquez l'action humanitaire, vous en avez le droit parce que vous êtes – non pas des riches, ce n'est pas mon vocabulaire –, mais des superficiels. »

ABBÉ PIERRE : J'écoute, Bernard, je t'écoute. Passer d'un monde à l'autre, je le conçois bien. Ça m'est arrivé un jour et j'en garde un très vif souvenir, moins terrible que les tiens. C'était pendant la guerre, quand je suis passé clandestinement de France en Espagne pour gagner l'Afrique du Nord. Je marchais avec un copain dans une petite montagne des Pyrénées qu'on appelle la Rune, à huit ou neuf cents mètres d'altitude. Nous étions en pleine nuit, je quittais une France sous black-out où, pour éviter les bombardements, les fenêtres étaient calfeutrées, toutes les lumières éteintes, les phares des voitures peints en bleu, le noir total. D'un coup, la cime et l'Espagne à nos pieds : des centaines de petites lumières, ces fenêtres éclairées. Nous regardions les voitures qui roulaient tous phares allumés. Pour qui avait vécu dans la France occupée pendant des années, c'était vraiment une chose extraordinaire.

BERNARD KOUCHNER : Il est très difficile de passer d'un monde à l'autre sans colère. On revient toujours révolté contre les Français, qui pourtant ne sont pas responsables des horreurs de là-bas, qui même se sont montrés généreux. Si je suis parti avec Médecins sans frontières, puis avec Médecins du Monde, c'est parce qu'en France des hommes et des femmes m'ont fourni les moyens de le faire. Je n'ai jamais gagné d'argent pour cela, je m'empresse de le dire. Je n'ai jamais été payé ni comme missionnaire (sauf au Biafra par la Croix-Rouge) ni comme dirigeant. Mais de Paris et de province, des gens m'ont donné les moyens de la mission, l'équipement. Je les remercie. Je vais dire une phrase terrible : je ne leur en veux pas de m'avoir aidé, et d'être restés chez eux. Mais c'est un sentiment que je dois conquérir sur moi-même. Au retour, j'aurais peut-être dû les choquer davantage, je n'ai pas été assez dérangeant.

Pour résister au désespoir, j'ai persiflé, ou je me suis tu.

Je reviens à nos premières rencontres, le jour où je t'ai tutoyé. Quand je t'ai dit : « Toi, tu as de la chance parce que tu as Dieu », je pensais : moi, je n'ai personne, tu comprends ? A qui je pouvais raconter ça, les enfants éventrés, les jambes qu'on coupe sans anesthésie, les femmes qui meurent alors qu'il suffirait de rien pour les sauver ? A ma femme, à mes enfants ? Non. Alors parfois, j'ai fui dans ce qui pouvait passer pour de la frivolité. Ou une haine brutale pour notre monde confortable. J'ai beaucoup d'amis médecins qui n'ont pas supporté ces allers-retours et qui se sont suicidés parce que le contraste était trop grand, parce qu'ils étaient les plus généreux et qu'au retour ils trouvaient la concurrence des associations, les guerres de charité, du désamour, et une solitude alors qu'ils avaient tout donné d'eux-mêmes.

Pour m'en sortir, j'ai essayé de m'adapter : cette manière de parler aux femmes, d'être superficiel et brillant, et de porter des cravates de couleur... Oui, j'ai fait de la boxe française, je tapais sur quelques nez, j'allais boire, je traînais dans des boîtes, et je m'enfermais dans des salles de cinéma. C'était ma façon d'échapper aux images de l'horreur, c'est critiquable et ça a été très critiqué, mais il fallait bien survivre à ça. Voilà pourquoi tu as la chance d'avoir Dieu pour t'entendre. Pardon de te le rappeler, monsieur l'abbé, mon cher abbé.

J'ai un spectacle terrible dans l'œil et dans les mains, les médecins ont ça dans les mains. Dans les pieds, dans la fatigue, quand on reste debout vingt heures de suite en salle d'opération. Je n'ai pas trouvé beaucoup de compagnons pour ces aventures. J'ai été très longtemps suspect pour avoir donné le branle à ce mouvement humanitaire qui nous dépasse tous, pour avoir manigancé cette ingérence au nom de la politique. A quelques exceptions près, je ne l'ai pas fait avec mes amis. Sauf quelques-uns, et quand je pense à eux je m'aperçois que les plus proches étaient souvent des étrangers. Vladan Radoman, issu d'un pays qui s'appelait alors la Yougoslavie, avait fui le communisme parce qu'il était un vrai démocrate. Ou le docteur Hernandez, un révolutionnaire qui s'était échappé du Guatemala au nom d'une révolution à laquelle il aspirait. Patrick, Jacques, Alain... Ceux-là m'ont mieux compris parfois que les compagnons fidèles avec qui nous avons bâti Médecins sans frontières puis Médecins du Monde, des catholiques qui n'avaient pas besoin d'être convaincus, des médecins pour qui cela allait de soi.

« Mais c'est fini tout ça », m'a dit un jour Max Récamier, l'homme du Biafra, le médecin chrétien qui avait tout commencé avec moi, « c'est fini mon vieux, c'était ta jeunesse. »

Non, Max, ce n'était pas ma jeunesse, c'était la jeunesse du monde, une histoire pesante, essentielle et permanente. Comment l'expliquer à chaque retour ? Et pourtant il fallait bien que j'en parle à des hommes politiques, à des intellectuels, il fallait que je me réadapte à leur univers : ils avaient la compréhension du monde, les instruments de l'analyse, le crible et les concepts, mais ils ignoraient cette expérience, cet élan, cette morale. Pour me faire entendre, je ne pouvais pas me lamenter, raconter mes guerres et jouer les anciens combattants. Une fois, deux fois, j'ai essayé de dire la vraie vérité, et puis je me fermais. A recommencer son récit devant chacun, on se désespère : j'aurais fini par tout laisser tomber. D'abord, se répéter, cela fait vieillir, et puis on ne peut pas recomposer ses émotions, cela deviendrait un spectacle. Je n'ai jamais fait ça, je n'ai jamais joué de ces sentiments-là, contrairement à ce qu'un certain nombre de gens, de l'extérieur, ont pu penser.

Je vais te raconter une ou deux histoires. J'en ai plein d'autres, mais je me suis efforcé d'oublier et de fermer ma mémoire, parce que c'est trop difficile à supporter.

Je me souviendrai toujours d'un retour du Biafra, l'arrivée au Bourget avec deux petites filles amputées, l'une du bras, l'autre haut sur la cuisse. Et N'Gosy, la plus petite, c'est moi qui l'avait amputée! C'était du Buñuel. Mes compagnons, les médecins anglais et yougoslaves, étaient morts là-bas parce que la Croix-Rouge ne m'avait pas laissé tenir une conférence de presse qui nous aurait protégés. Je n'avais pas trente ans, je sortais de cette guerre que j'avais découverte, des bombes, de la nuit, les cent cinquante morts qui nous arrivaient chaque jour, les centaines de blessés. Dans une situation normale, on aurait presque pu les sauver tous. Mais il y avait si peu de médecins : impossible d'opérer plus de vingt heures par jour. Nous avions dû choisir les blessés qu'on pouvait traiter rapidement et abandonner les autres à la mort, désignant ces sacrifiés d'un morceau de sparadrap collé sur le front.

Au Bourget, j'embrasse les petites filles, je les confie à des infirmières et je pars dîner avec la femme que j'aimais, son frère, sa sœur et un vieux copain. Un petit restaurant derrière le Champ-de-Mars, chic et vulgaire, des tentures rouges aux murs. Et la femme que j'aimais ne me supportait pas dans ma peau de héros tout frais et sans doute excessif. Pourtant je faisais le modeste, je racontais très peu. C'était encore trop. La conversation a tourné en querelle, elle ne comprenait rien à mon angoisse, et moi je ne la comprenais plus. J'avais tant attendu ces retrouvailles. Deux mots plus hauts que les autres : elle jette sa serviette sur la table et quitte le restaurant suivie par sa famille. Je reste seul avec le vieux copain, je recommande du champagne, nous voilà ivres morts. Nous pissons dans la nuit, sur le Champ-de-Mars, en maudissant la terre entière. A quatre heures du matin, le copain me ramène chez lui, me couche dans son lit, rue de la Santé, en face de la prison. J'avais tant pris l'habitude de coucher à la dure que je place mes chaussures sous ma tête avant de m'endormir, par haine des oreillers. Le mal de tête à dix heures du matin, à quatre pattes ! Grandeur et décadence, mon père... Les retours sont durs.

Le Liban, ça a peut-être été pire. Il fut une époque, vers 1973-1975, où je partais tous les mois au Liban pour dix jours. J'allais à chaque relève dans cet hôpital impossible de Bourg Hamoud, en plein quartier palestinien et musulman assiégé par les chrétiens. Nous passions le pont en courant, courbés sous les balles. Une nuit – j'habitais Gentilly à l'époque –, Mario Duran, un formidable chirurgien, merveilleux ami, me réveille au téléphone : « Bernard, il faut que tu viennes à Beyrouth, une bombe vient de tomber sur l'hôpital, elle n'a pas explosé mais elle a traversé toute la maison. On est mal ! » Je suis parti immédiatement pour Beyrouth. A mon retour en France, je constatai qu'il y avait de plus en plus d'indifférence pour cette guerre, à tel point qu'un jour on n'a plus trouvé de médecins du tout. J'ai imaginé de lancer un appel à la télévision. Un chirurgien s'est présenté et nous avons pris l'avion pour le Liban.

Là, comme mon chirurgien arrivait d'Afrique, il a eu une crise de palu. Enfermés dans cet hôpital, le quartier encerclé, nous étions une cible comme la mosquée. C'était la fin. Le gars était trop malade pour opérer. J'ai dû le remplacer. Il sortait péniblement de son lit et, vacillant au-dessus de mon épaule, essayait de guider mes gestes. J'avais la responsabilité de tous les blessés, et, malgré une expérience de chirurgien de guerre, je savais qu'avec un chirurgien de plus certains auraient pu être sauvés que je ne pouvais pas tirer de la mort. Je me souviens d'une intervention très difficile, une plaie de l'aorte abdominale avec un délabrement extraordinaire. Mon ami François Escale, l'anesthésiste, m'assistait, et j'essayais de me débrouiller avec désespoir. A ce moment-là le téléphone a sonné. C'étaient mes copains, Paul Sargos, Ghislaine Martin : c'était la relève, ils étaient arrivés par la mer et se trouvaient encore du côté chrétien, bloqués par les Phalanges. Paul m'a dit : « Nous sommes là », et j'ai pensé : « Enfin ».

« Et le chirurgien, ai-je ajouté. Vous avez vu le chirurgien ? – Oui, un vasculaire, m'a répondu Paul, mais il pense que les conditions sont trop dures, que c'était une folie. Il ne viendra pas à l'hôpital, il veut repartir. » Et je restais avec ce blessé qui saignait et qui évidemment est mort. C'était un chirurgien vasculaire réputé, il n'aurait probablement pas pu sauver mon bonhomme, mais quand même. J'ai dit :

« Comment ! Mais ce type est un salaud ! – Peut-être, a répliqué Paul. Mais moi je viens, et Ghislaine aussi. » Je me suis indigné : « Quoi ! Il n'avait pas compris que c'était la guerre ? Qu'est-ce qu'il croyait ? Beyrouth, on en parle tout le temps ! » Non, en France, on ne parlait pas de Beyrouth. Alors j'ai joué au généreux, j'ai joué à l'abbé Pierre, je me suis repris et j'ai baissé la voix dans le téléphone : « Paul, tu diras au chirurgien que ça n'a pas d'importance, il peut partir et je ne lui en veux pas. » Evidemment, je n'en croyais pas un mot. Je n'ai jamais revu cet homme.

Mes amis sont enfin arrivés, ils ont été héroïques, nous avons tenu ce qu'il était possible de tenir sous les bombardements. Puis il a fallu abandonner l'hôpital, déchirement, les gens qu'on laisse. L'hôpital a été pris, le chef du Parti communiste qui était là a été tué, il y a eu beaucoup de morts. Nous aurions dû rester sans doute, et pourtant ça n'aurait servi à rien.

Nous avons pris le bateau pour la France, un tout petit bateau qui passait par Chypre, une traversée interminable. Pendant tout ce temps, personne ne s'est parlé, on n'osait pas, et jusqu'à ce jour je n'ai jamais raconté cette histoire à personne. Comment dire cela en France, le pays de l'indifférence et de l'indignation ?

D'autres retours, ceux de L'*Ile de Lumière*, quand nous revenions de mer de Chine, les conférences de presse, le décalage, le mutisme. Tout ce que j'ai fait payer à ma famille, à mes amis, en transposant mes révoltes et mes colères dans la vie de tous les jours, cette agressivité masquée que les autres ne comprenaient pas.

Une fois, tout s'est concentré en vingt-quatre heures. J'ai quitté à une heure du matin notre hôpital du Kurdistan d'Irak, accompagné par des Kurdes d'Iran. Cheval, voiture sur des routes incroyables, passage clandestin de la frontière iranienne protégé par les services secrets irakiens, avion d'Air France, et le soir j'étais au Théâtre des Champs-Elysées à côté de Christine. *Cosi fan tutte*. La gorge serrée, j'avais faim, j'avais soif, j'avais un vertige. A un moment je me suis levé et je suis allé vomir – Christine ne l'a pas su. Ce n'est pas Mozart qui m'a fait vomir, ni la pensée des blessés de l'hôpital qu'on avait laissés là-bas, pas le décalage horaire non plus : le décalage culturel.

Une autre fois, j'étais ministre, j'ai quitté le Sud-Soudan, Kapetua où m'avait reçu le général rebelle John Garang. Minuit sur cette terre du Moyen Age : des pistes impossibles, une frontière clandestine pour passer au Kenya, un avion pour Nairobi avec une femme pilote intrépide. Air France : minuit à Paris : ce soir-là, la France avait gagné au foot !

ABBÉ PIERRE : Quand j'ai quitté la France en guerre, les restrictions, la faim, l'angoisse de la clandestinité et que je me suis retrouvé à Alger, affamé après des heures d'interrogatoire, on m'a emmené au snack-bar de l'aéroport. J'ai vu les pots de café au lait fumant, les piles de sandwiches, avec du jambon, du beurre. Je me suis mis à pleurer, pleurer, pendant une demi-heure. Sans pouvoir manger, sans pouvoir rien faire.

« Servir premier le plus souffrant »

Abbé Pierre : Je garde, avec Teilhard de Chardin, une certitude. Je constate, même sans être un philosophe ni un scientifique, qu'à travers les tragédies qui ne cessent d'empirer l'humanité converge vers du *Un*. On a commencé à se battre entre voisins à coups de cailloux, puis on s'est groupés en familles. On s'est battus entre familles, puis entre clans, entre tribus, entre nations. Chaque fois, on s'est unis. Se sont ensuite faites des fédérations de nations. Les Etats-Unis ont réussi la leur. Après bien des querelles et des désaccords l'Europe est en train de se concrétiser. On va vers du *Un*. On va aussi de pis en pis. Tant qu'il y avait juste des individus isolés sur cette planète, chacun des belligérants n'avait que de petits moyens, de petites armes, des cailloux. Il y a peu de temps nous étions arrivés à un moment où, semblait-il, ne restaient que deux belligérants en présence, le rouge à l'Est et le blanc à l'Ouest, et plus nous étions proches du *Un*, plus les armes devenaient fantastiques. Au moment où l'homme tend vers ce *Un*, au moment où en quelque sorte le fruit se trouve à portée de sa main, voilà qu'il dispose de moyens qui peuvent détruire à la fois l'arbre et le fruit. Par l'arme atomique, il peut anéantir l'humanité. Alors l'imprévisible se produit, le colosse rouge tombe en poussière. Ce qui d'ailleurs nous oblige, nous les blancs, à nous regarder dans la glace et à voir tout ce que nous avions de moche. Tant qu'il y avait les vilains rouges, nous pouvions oublier nos défauts puisque les vilains c'étaient eux. Nous, nous étions les bons. Maintenant nous voilà obligés de nous regarder comme nous sommes. En dépit de l'imprévisible chute de l'Empire rouge, l'humanité continue à monter vers le *Un*. Même si l'ancienne Yougoslavie est à feu et à sang, même si les républiques de l'ancienne Union soviétique peuvent se battre entre elles...

BERNARD KOUCHNER : Elles se battent déjà en Asie centrale.

ABBÉ PIERRE : Oui, en Arménie et ailleurs, je le sais. Mais en dépit de ces retards, de cette dislocation, le mouvement est irrésistible qui va vers le *Un*. On le voit bien quand l'ONU demande un corps d'armée aux ordres de l'unité mondiale, grâce à toi. On ne peut pas imaginer qu'un Hitler devienne secrétaire général des Nations unies, ce n'est pas pensable. L'ONU peut périr, elle ne peut pas tomber entre les mains d'un dictateur.

Comment l'humanité, au long des siècles, a-t-elle progressé vers le *Un*?

Cela commence par la violence, un dominateur veut imposer sa force. Suit une deuxième phase, la libération : à la première défaillance du tyran, sa dictature casse, nous l'avons vécu. Après la libération commence une troisième phase, celle que vit actuellement l'Europe, une certaine nostalgie de la partie positive du *Un* du dictateur, de ce *Un* haï parce qu'il était imposé. Hitler prétendait faire l'Europe pour mille ans, idée haïe parce qu'il a voulu nous l'imposer, mais dont nous gardons la nostalgie car elle comprend une notion positive.

Et là, le non-croyant peut communier avec le croyant dans cette vision d'un devenir historique en train de s'accomplir, où aucun effort n'est vain. Il n'y a pas une maman faisant bien sa lessive ou sa cuisine dans les difficultés de la vie d'aujourd'hui, faisant bien ce qu'elle a à faire, qui ne coopère à cette montée vers la paix du *Un*. J'ai failli me noyer dans le rio de la Plata il y a trente ans, j'étais sur un bateau qui a pris feu et j'ai vécu des choses étonnantes. Il y a eu quatre-vingts morts. Je me suis trouvé rassemblé avec quatre ou cinq autres personnes autour d'une caisse ou d'un coffre énorme. Le couvercle battait sous l'eau et me coinçait la cuisse à chaque ballant, je pensais avoir la jambe en sang, nos mains glissaient, nous n'avions rien pour nous tenir. Le phénomène, c'était que sans nous concerter, nous nous efforcions d'approcher d'un isolé. Et que les isolés s'évertuaient à se regrouper. Il y avait une force, un appel du *Un* prodigieux. La vie est cocasse. Le type en face de moi dans l'eau, courageux, disait des blagues pour soutenir le moral de tout le monde et empêcher les gens de lâcher prise. Je ne comprenais pas bien l'espagnol, mais tout à coup il m'interpelle : « Toi, tu es l'abbé Pierre ! » On était là à mourir et il se met à hurler : « Vive la France ! » et il entonne *la Marseillaise*.

Bernard Kouchner : Formidable énergie de vivre !

Abbé Pierre : Prodigieuse, mais je ne sais pas s'il s'est noyé ou pas.

Toi aussi, tu contribues à la montée vers le *Un*.

Bernard Kouchner : Ah ! bien. Et que se passe-t-il au moment du *Un* ?

Abbé Pierre : Je pense qu'il y aura une fin du monde. Ce sera le moment de la parousie, c'est-à-dire du retour du Christ dans Sa gloire. Le Verbe de Dieu apparaîtra et Sa gloire se révélera à l'humanité, à ceux qui seront vivants à ce moment-là et à la totalité de ceux qui auront vécu avant. On estime entre quatre-vingt-dix et cent milliards le nombre d'individus depuis les premiers signes humains. Quand on trouve des squelettes alignés en ordre, on est certain d'avoir affaire à des humains, les bêtes n'alignent pas leurs morts. Je pense que la parousie se produira au moment du *Un*. Ou au moment de sa réussite, ou à celui de la déflagration anéantissante, qui serait l'échec. Mais nous pouvons être optimistes car la montée vers le *Un* n'a jamais cessé au cours des siècles et des millénaires.

Bernard Kouchner : C'est intéressant, mais c'est loin, la fin du monde, du moins je l'espère. En attendant je vais continuer, si tu permets, à m'occuper de ce qui se passe maintenant. A tenter de m'en occuper, avec mes petits moyens, et à essayer d'entraîner qui voudra bien m'y suivre. Car je crois, je suis sûr que nous devons encore parler d'espérance et de projets. J'ai l'impression, mon père, que nous avons souvent été sinistres au cours de ces entretiens.

ABBÉ PIERRE : Surtout toi !

BERNARD KOUCHNER : Oui, surtout moi. Qu'est-ce qui sort de ce dialogue ? Nos interrogations sur l'Eternel ? Sur la méchanceté de l'homme ? Que peuvent retenir de nos expériences les jeunes gens de France, qui ne sont pas si mal lotis quand on regarde le monde ?

Quand j'avais vingt ans, on s'inscrivait dans des partis ou des organisations de masse. On ne luttait pas pour le pouvoir, mais contre l'injustice ou le sort fait à quelques-uns. Happées par la politique, ces organisations ont disparu dans les palais nationaux ou les élections perdues.

Désespérance : après la génération de la Résistance, puis celle de la guerre d'Algérie, voici la génération sida. Que les aînés ne haussent pas les épaules ! Ce n'est pas la nature de l'enjeu qui détermine la profondeur des angoisses et le courage des lutteurs. Pardonne-moi le raccourci, mais un jeune de la banlieue de Tourcoing, chômage, délinquance, drogue, sida, qu'est-ce qu'il fait ? Ne crois-tu pas utile de lui parler de la manière dont tu as construit Emmaüs, et moi Médecins sans frontières puis Médecins du Monde ? Non comme un succédané de vie, mais comme un engagement, l'essentiel. Je crois aux initiatives individuelles, aux mains tendues, aux démarches qui se fondent dans la vie associative.

Il n'est pas nécessaire d'être prêtre ou médecin pour agir. On peut aussi changer les choses et les hommes sans vivre d'abnégation comme un missionnaire d'Afrique et sans se faire bombarder dans l'hôpital de France à Sarajevo. Pour le sport, contre la drogue, pour l'entraide, pour l'aventure, chaque cité, chaque rue est l'occasion d'une action. Tout doit être prétexte à une écoute, à une rencontre, comme à un affrontement éventuel et enrichissant.

Nous étions cinq en 1969, chez l'un d'entre nous, Olivier Dulac, rue du Faubourg-du-Temple, pour créer le Comité international contre le génocide au Biafra d'où sortirait Médecins sans frontières. Nous n'avions pas d'argent et nous n'étions personne. Avec une seule idée, une seule révolte : que cesse le massacre. Les officiels, les Croix-Rouge, les médecins normaux, tous nous brocardèrent. J'entends encore leurs adjectifs : marginaux, arrivistes médiatiques, politiques...

ABBÉ PIERRE : Quelle importance !

BERNARD KOUCHNER : Ce sont les mêmes épithètes et les mêmes gens qu'on entend aujourd'hui. Reste pour nous la joie d'une idée accomplie qui a fait le tour du monde.

Je me souviens d'un volontaire d'Emmaüs rencontré à la périphérie de Guatemala City, où il installait une communauté près du gigantesque tas d'ordures sur lequel survivent et se battent des centaines d'enfants. C'était un grand garçon de vingt ans qui venait de Limoges et qui avait déjà ramassé autour de lui toute une troupe de gamins sortis de l'abandon. Il me racontait son engagement comme une épopée : « Je n'avais ni diplôme ni argent. Puisque je l'ai fait, tout le monde peut le faire ! » C'était vrai là-bas, c'est vrai ici, à Clichy, aux Minguettes, en Avignon... Je dirais comme une recette : la volonté est une et il suffit d'être deux pour commencer. A trois on est déjà une bande.

Si toi et moi nous l'avons fait, l'abbé, en France ils peuvent tous le faire, et là-dessus tu seras d'accord avec moi, c'est une vraie jubilation.

Il faut que la rencontre des hommes, et des jeunes en particulier, ait lieu. Nous ne manquons pas d'espace dans notre pays, mais d'audace. Nous devons reconquérir la France qui se diversifie. Foin des modes! Ne nous entassons plus dans les villes dangereuses. Trouvons autre chose que des banlieues angoissantes. Il faut reconquérir la campagne, un immense mouvement, ce que je nommerais la Marche verte. Autre reconquête du cœur, le tiers monde, non pour recoloniser, mais pour construire avec.

J'appelle à des mouvements communs entre les Maliens, les Sénégalais, les Vietnamiens, les Français, les Européens... Si nous ne nous mettons pas ensemble tout de suite, nous nous rencontrerons inévitablement un peu plus tard : dans des guerres. Je propose aux jeunes gens ce que n'entendent pas les bureaucrates, jeunes ou vieux, un vrai plan Marshall de l'âme.

ABBÉ PIERRE : Il s'agit de leur faire voir de quoi l'homme est capable.

Il est possible à l'homme d'être le fort qui sert le faible.

Les bêtes ne le peuvent pas. Une chienne qui a mis un chiot tordu au monde le délaisse. Elle s'occupera de ceux qui vont bien, pas de celui qui aurait besoin d'être soigné. Seul l'homme est capable du contraire.

Et si on ne lui enseigne pas cela, à l'homme, la loi naturelle l'emportera. Quand tu dis que l'homme est mauvais, il s'agit de l'homme ravalé à l'état de nature, rabaissé en dessous de sa condition d'homme, en dessous de lui-même. Mais on doit absolument éduquer les jeunes à dépasser cette condition de nature pour devenir les hommes de demain.

BERNARD KOUCHNER : Commençons tout de suite! Et, c'est déjà en route.

ABBÉ PIERRE : Déclarer des droits, ça ne coûte pas cher. Déclarer des droits, c'est constater des besoins. Mais où trouver le principe coercitif qui en fera une obligation, où le trouver? Je suis arrivé à cette pensée : on n'obtiendra jamais le respect des droits que l'on déclare tant qu'on ne verra pas, tant qu'on n'enseignera pas que l'être humain qui naît n'a d'autre raison d'exister que son accomplissement personnel.

C'est seulement si je reconnais que cet humain a le devoir de s'accomplir qu'il a alors le droit de se tourner vers ceux qui l'ont fait exister, papa, maman et la société, pour dire : j'exige les moyens d'atteindre ma fin. Si on ne reconnaît pas une fin à chacune de ces petites dizaines de kilos d'êtres humains, eh bien, je ne vois pas pourquoi un dictateur n'en ferait pas de la chair à pâtée. Pourquoi pas, s'il n'y a pas de différences avec des cailloux? A nous de l'aider en lui montrant ce qu'est la liberté. C'est le choix entre la bestialité naturelle ou bien l'étage au-dessus, où se situe sa liberté responsable. Si je reconnais ça dans l'individu, parler des droits de l'homme a un sens. Autrement, ce ne sont que des mots.

La jeunesse d'aujourd'hui a les moyens de faire sauter Notre-Dame avec une bombe atomique ou de prendre l'avion pour porter des secours d'urgence. Il y a des choix à faire et ils sont à refaire à plusieurs reprises au long de la vie. Servir premier le plus fort, ou servir premier le plus souffrant. Celui qui décide de servir premier le plus fort, je dis qu'il est perdu étant donné la violence du bouleversement qui sou lève l'humanité entière. Vous qui avez dix-huit ans maintenant, malheur à vous, vous serez les plus malheureux des humains si votre ambition c'est moi, moi, moi, ma réussite, ma carrière, ma fortune. Si c'est ça votre idéal, je pense que vous êtes à plaindre, parce que Dieu merci, vous serez cassés. Dieu merci, oui, ça vous ouvrira peut-être les yeux avant que vous n'ayez gâché votre vie tout entière. Dans la brutalité des événements qui viennent, celui qui n'aura eu que l'ambition de sa carrière a neuf chances sur dix d'être impitoyablement piétiné. Au contraire, si votre ambition c'est de vouloir être heureux, – oui, nous avons le devoir d'être heureux, c'est la gloire de Dieu que l'homme soit heureux – si votre ambition c'est d'être heureux, non pas en voulant être premier partout, mais en mettant toute votre énergie à servir premier le plus faible, si c'est ça votre ambition, vous êtes enviables d'avoir dix-huit ans maintenant. Parce que vous entrez dans l'existence à une époque où il y a des moyens de servir premier le plus faible comme jamais il n'y en a eu.

Je dis aux militants qui chaque jour accueillent des familles misérables en quête de logis : 9 % seulement des Français sont mal logés, manquent d'eau ou de sanitaires. Il y a quarante ans, lorsque j'ai commencé, 29 % de nos concitoyens vivaient ainsi. Voyez, les efforts des Compagnons n'ont pas été vains. Mais tant qu'une seule famille sera sans toit, tout reste à faire.

C'est toute la France unie qui doit braver la loi naturelle. Jusqu'à quand tolérerons-nous que notre pays, l'une des sept nations les plus riches du monde, laisse certains des siens sans feu ni lieu ? Il est possible que cela cesse. A nous tous de le vouloir et de le faire.

En 1939, du jour au lendemain il a fallu trouver des fonds incalculables pour faire face à la mobilisation puis à l'entretien de l'armée jusqu'à son départ vers le front. Entre le premier jour de guerre et la débandade, nous avons beaucoup dépensé. Et la guerre d'Algérie, qu'est-ce qu'elle coûtait par jour ? Et en Indochine ? Combien ça coûtait, une armée à l'autre bout de la terre pendant des centaines de jours ? Et la guerre du Golfe ? Je ne remplis pas mon devoir de citoyen responsable si je tolère qu'on me dise qu'il n'y a pas d'argent pour loger deux millions de familles qui vivent dans des taudis ! Si la sale guerre était pour demain, là, il y aurait de l'argent. Où le trouve-t-on ? Est-ce que je fais mon devoir si je ne mobilise pas mon énergie pour des évidences comme celle-là ? D'autant plus que faire la dépense pour loger ces familles, c'est du manque à perdre si on calcule sur dix ans : ce que coûteraient les prostituées, l'alcool, les enfants abandonnés, les délinquants en prison à cause de la misère, le dégoût de vivre d'une jeunesse sans avenir...

Cet étonnant mouvement d'Emmaüs, en quoi consiste-t-il ? Voilà des gens qui étaient perdus, et tout d'un coup ils ne commettent plus de délits, ils vivent de leur propre travail, ils font de l'écologie concrète en récoltant et en recyclant tout ce qui traîne, et en plus, ils donnent. L'année dernière, après avoir tout payé, la nourriture, la sécurité sociale, les retraites, les quatre mille compagnons d'Emmaüs de France ont donné près de trois milliards d'anciens francs, trente millions de francs, à des organisations humanitaires. Un jour je me suis trouvé devant Laurent Fabius quand il était Premier ministre. Je lui ai dit tout ça. Il était stupéfait, il a fait un compte rapide : « Sans Emmaüs, a-t-il dit, sur vos milliers de compagnons il y en aurait neuf sur dix à l'hôpital, à l'asile ou en prison pour récidive des délits de la misère. Cela coûterait une somme colossale à l'Etat. »

Comment est-on arrivé à ce résultat extraordinaire ?

A la souffrance profonde de ceux qui se sentent de trop je ne vois qu'un seul remède, celui que, sans calcul, j'ai employé pour le premier compagnon d'Emmaüs, Georges. C'était en 1949. On vient me chercher pour secourir un homme qui avait tenté de se suicider. Condamné au bagne à perpétuité, gracié parce qu'il avait sauvé quelqu'un dans un incendie, il rentrait de Cayenne. Il trouve sa femme avec un autre, sa fille qui ne le connaît pas, de nouveaux enfants, pas de place pour lui. Désespéré, il veut mourir, il se rate, on m'appelle.

Et je lui dis :

« Georges, tout ce que tu me racontes est épouvantable, mais je ne peux rien pour toi. Ma famille est riche, mais j'ai renoncé à tout héritage, je suis député, mais je n'ai que des dettes. Je dépense mon indemnité en matériaux pour construire des maisons sans permis et loger des familles qui meurent dans des caves. Je ne peux rien te donner. Mais toi? Tu veux mourir, il n'y a rien qui t'embarrasse. Avant de te tuer, viens me donner un coup de main, après tu feras ce que tu voudras. »

Et tout est changé pour lui. Il n'est plus de trop, il est nécessaire. Je n'en pouvais plus, j'avais besoin de lui et il dit oui. A ce moment naît ce courant contagieux qui se répand sur la terre entière, cette folie au-delà de la bienfaisance. Parce que c'est le monde à l'envers! D'habitude, on donne au malheureux. Là, on lui dit : « Tu es malheureux? Donne-moi. »

BERNARD KOUCHNER : C'est prodigieux! Cette idée révolutionnaire, l'idée qui fondera Emmaüs, tu y pensais depuis longtemps?

ABBÉ PIERRE : Non, pas du tout. Cela m'est venu spontanément. Ce n'était pas le produit d'une réflexion, c'était la réalité, je ne pouvais rien lui donner. Mais j'ai enchaîné en lui demandant de m'aider, et il est venu. Il m'a dit plus tard : « Vous m'auriez donné de l'argent, une chambre, un métier, j'aurais recommencé à me tuer. Mais vous aviez besoin de moi! »

Le sentiment d'être de trop est une douleur poignante, atroce, pire que tout. Un compagnon qui devenait aveugle me disait : « Mon travail dans la communauté, c'était la seule valeur de ma vie. Sans mes yeux, je ne pourrai plus rien faire pour les autres. » Je lui ai répondu : « Ce n'est pas vrai. Si tu souris au camarade qui t'apportera ta soupe, tu l'aideras à prendre courage pour sa journée. Il y a toujours une possibilité de donner, tu peux donner ta bonne humeur. »

Je n'y connais rien en économie mais pourquoi, quand arrive la guerre de 14 ou celle de 40, on ne dit pas « on n'a pas de sous » ? Même les privilégiés sont mobilisés. Dès qu'il s'agit de la belle guerre, de la seule, la guerre à la misère, on ne trouve pas un sou ! Pourquoi ? Parce que dans la sale guerre le fils du notable est en péril, et aussi les biens de son père, alors que quand c'est la belle guerre il n'y a que le fils du bidonville qui soit en cause. Le fils du monsieur bien, il s'en fout.

Les sans-logis sont dans la même situation que les victimes d'un tremblement de terre, mais pourtant on ne le dirait pas. Lorsque la terre tremble vraiment et casse des maisons et tue en masse, nous nous mobilisons immédiatement en faveur de ceux qui ont tout perdu et en particulier leur logement. Il faut donc imaginer une catastrophe bien visible et bien filmée pour traverser la couche épaisse de notre insensibilité ? Les Français qui dorment dehors sont exactement dans le même cas que les Indiens d'Amérique ou les Egyptiens que les sursauts de la croûte terrestre ont jetés à la rue. Et contrairement aux tremblements de terre qu'on ne peut pas empêcher, là nous y pouvons quelque chose !

BERNARD KOUCHNER : Comme j'aime ta colère !

ABBÉ PIERRE : La colère n'est pas un vice. Jésus lui-même en colère a frappé avec une corde des vaches dans le Temple. Quand l'objet de la colère est le mal, elle est vertu. L'indifférence devant le mal est le vice.

BERNARD KOUCHNER : L'action humanitaire, c'est d'abord une indignation, puis une obstination, enfin une méthode. Celle-ci s'applique aux grandes catastrophes comme aux petites misères. Sans doute pourrions-nous signer en fin de ce livre les cinq commandements de l'humanitaire :

Prendre les hommes un par un, et ne pas attendre pour en aider un d'avoir trouvé la solution pour les sauver tous ;

Dépasser le manichéisme : il n'y a pas des misères de droite et des misères de gauche ;

Joindre le geste à la parole ;

Prévenir les conflits et les drames au lieu d'arriver toujours trop tard ;

Toujours aller sur le terrain.

ABBÉ PIERRE : Cinq commandements qui sont tous issus du seul qui doit guider nos cœurs :

Tu aimeras.

Tu sais que le mouvement Emmaüs, né de la rencontre d'un désespéré et d'un privilégié, est aujourd'hui établi dans trente-deux pays. En France seule, cent quatre communautés rassemblent quatre mille compagnons. Cet ensemble repose sur la règle de vie que, dès le début, j'avais formulée ainsi :

« Devant toute humaine souffrance, selon que tu le peux, emploie-toi non seulement à la soulager sans retard, mais encore à détruire ses causes.

« Emploie-toi non seulement à détruire ses causes, mais encore à la soulager sans retard.

« Nul n'est, sérieusement, ni bon ni juste ni vrai, tant qu'il n'est résolu, selon ses moyens, à se consacrer d'un cœur égal, de tout son être, à l'une comme à l'autre de ces deux tâches. Elles ne peuvent se séparer sans se renier. »

Merci à Cécile Romane et Patrick Rambaud,
Nathalie Foing et Vincent Landel
qui nous ont aidés dans l'élaboration
et la mise au point du texte,
à Marek Halter qui nous a accompagnés
du début à la fin,
et surtout à Robert et Laurent Laffont
qui ont eu l'idée de cet ouvrage.

Table des matières

Cet ouvrage a été imprimé par

FIRMIN DIDOT

GROUPE CPI

Mesnil-sur-l'Estrée

pour le compte des Éditions Robert Laffont
24, avenue Marceau, 75008 Paris
en janvier 2007

Imprimé en France
Dépôt légal : mai 1993
N° d'édition : 47858/01 - N° d'impression : 83461